一目了然速读史 系列

3小时读懂明朝

姜若木 ◎ 编著

一目了然速读历史故事
穿越时空见证文化传承

北京联合出版公司
Beijing United Publishing Co., Ltd.

图书在版编目（CIP）数据

3小时读懂明朝 / 姜若木编著. —北京：北京联合出版公司 2011.3（2022.2重印）

ISBN 978-7-5502-0196-5

Ⅰ.①3… Ⅱ.①姜… Ⅲ.①中国历史：古代史－明代－通俗读物 Ⅳ.①K248.09

中国版本图书馆CIP数据核字（2011）第044828号

3小时读懂明朝

编　　著	姜若木
责任编辑	徐秀琴　昝亚会
出版发行	北京联合出版公司
	（北京市西城区德外大街83号楼9层　100088）
印　　刷	北京洲际印刷有限责任公司
开　　本	710×1000毫米　1/16
字　　数	168千字
印　　张	16.5
版　　次	2011年4月第1版
印　　次	2022年2月第2次印刷
书　　号	ISBN 978-7-5502-0196-5
定　　价	58.00元

若有质量问题，请联系：010-57230022

前 言

提起中国历史上的一代霸主,人们会想起秦皇汉武、唐宗宋祖。说到历朝的盛世繁荣,大家回味更多的也是"文景之治"、"开元盛世"、"康乾盛世",而明朝则往往是带着几分委屈,躲在尘封的史书中,默默地注视着人们在时光流逝中把它的鲜活遗忘。

作为中国历史上最后一个汉族所建的封建皇朝,在其后近300年的时间里,中华民族由领先世界变为保守落后,由开放包容变为固步自封。她的子孙们只能在记忆中依稀想起那个叫做华夏的民族曾经的锦绣多姿,有个被称为汉唐的国度曾经被奉为天朝。于是,我们又回想起了明朝,回味起天朝大国那时的最后荣光,并开始反思我们的文化为什么从繁花似锦,最终沦为了万马齐喑。说到明朝,人们首先想到的可能是皇帝昏庸、太监专权、朝政腐败,似乎由此判定了明朝乏善可陈,其实这是对明朝的偏见与误解。明朝自1368年开国,1644年灭亡,存在了276年。单从朝代的寿命上而论,就已经让中国历史上的许多封建王朝无法企及,而且无论是经济、政治、文化还是军事,明朝都有过辉煌的一页。面对大众,历史无需故作深沉,我们有必要让读者认识一个真正的明朝。

明太祖朱元璋立国以后,总结宋元灭亡的教训,深感机构臃肿、吏治腐败可以导致国家的灭亡,于是制定了苛刻的法律,废除了丞相,并设置锦衣卫以查处各地官吏的不法行为。虽然,这一切在明朝统治初期发挥了重要的作用,但随着专制制度的加强,厂卫制度的弊端日益显露。明朝建立的内阁大学士制度防止了丞相专权,并建立了完备的中央运转机制,以至于明朝中期虽然皇帝昏庸无能,但国家的大政方针依然能有

条不紊地执行,成为世界政治文明史上一道独特的景观。

创造了相对稳定的政治局面,明朝的经济发展取得了惊人的成就。明朝都市繁华壮丽,许多西方传教士都曾在游记里描写并惊叹过明朝的富庶和繁华。无论手工业、农业还是商业等各方面都取得了卓越的成就。明成祖一生虽五次用兵蒙古,并支持了郑和七次远下西洋的壮举,但国库依然充实。后来的仁宣之治、万历中兴更是推动了生产力的发展,更有许多知识分子开始总结劳动人民生产、生活的宝贵经验。到了晚明时期,中国科技已然是繁花似锦,加上西学的引入,更是锦上添花,是中国走向近代的希望。

在文化方面,由于明初中央集权统治的加强,大力提倡程朱理学,采用八股取士的科举制度,限制了思想文化的发展。到明代中叶,阶级矛盾及统治集团内部的矛盾趋向激化,而城市商业经济逐渐繁荣,市民阶层日益壮大,启蒙思潮开始兴起,出现了王阳明的心学,与理学相抗衡,对文艺创作产生了深远的影响。

明代的政治、经济、文化各方面都值得我们深深回味。漫步历史,品读人生,纵使笔下有洋洋洒洒百万言,也无法描绘出一个时代的波澜壮阔。以史为鉴,才能知兴衰,明事理。出于这个目的,我们写了这本关于明朝历史的读物,希望读者能够品味其中的情境,咀嚼历史故事,能够有所悟,有所得。

目 录

第一章　明朝兴起，江山一统
　　一、石人一只眼，挑动天下反 ………… 002
　　二、从和尚到元帅 ………………………… 009
　　三、招贤纳士 ……………………………… 016
　　四、统一之路 ……………………………… 020
　　五、名臣良将 ……………………………… 024
　　　　徐　达 ………………………………… 024
　　　　常遇春 ………………………………… 026
　　　　刘　基 ………………………………… 028

第二章　开创期政治局面
　　一、专制统治的强化 ……………………… 034
　　二、靖难之役 ……………………………… 040
　　三、成祖功绩 ……………………………… 044
　　　　永乐大钟 ……………………………… 045
　　　　修编《永乐大典》 …………………… 047
　　　　郑和七下西洋 ………………………… 048
　　四、仁宣之治 ……………………………… 052

第三章　中期的衰弱与危机
　　一、土木堡之变 …………………………… 058
　　二、北京保卫战 …………………………… 063

　　三、国力渐衰 ·· 066

　　四、武宗乱政 ·· 070

　　五、奸臣当道 ·· 075

第四章　万历中兴

　　一、荡平倭寇 ·· 084

　　二、明穆宗朱载垕 ·· 090

　　三、张居正辅政 ·· 093

　　四、援兵朝鲜 ·· 099

　　五、放眼望世界 ·· 107

第五章　后期的衰落

　　一、明末后宫三疑案 ·· 116

　　　　梃击案 ·· 116

　　　　红丸案 ·· 121

　　　　移宫案 ·· 123

　　二、权倾朝野的魏忠贤 ······································ 126

　　三、忧国忧民的东林党 ······································ 130

　　四、熹宗之死 ·· 134

第六章　明朝的灭亡

　　一、铲除国奸 ·· 140

　　二、女真部落的崛起 ·· 144

　　三、抵御后金，自毁长城 ···································· 150

　　四、义军四起，上吊煤山 ···································· 156

附录一：瑰丽夺目的文学成就

　　《水浒传》——英雄传奇小说的代表作 ························ 168

　　《三国演义》——历史演义小说的创作先河 ···················· 171

　　《西游记》——神魔小说的巅峰之作 ·························· 173

　　《金瓶梅》与世情小说 ······································ 175

附录二：领先世界的科技学术成就

　　李时珍与《本草纲目》 …………………………… 178
　　伟大的旅行家徐霞客 ……………………………… 184
　　宋应星编《天工开物》 …………………………… 190

附录三：光耀千古的思想艺术成就

　　书之中兴 …………………………………………… 194
　　唐寅和徐渭 ………………………………………… 196
　　思想家王阳明 ……………………………………… 202

附录四：明朝历代皇帝年表

　　明（1368~1644）…………………………………… 205

平民朱元璋成为皇帝，历史翻开新篇章。

第一章
明朝兴起，江山一统

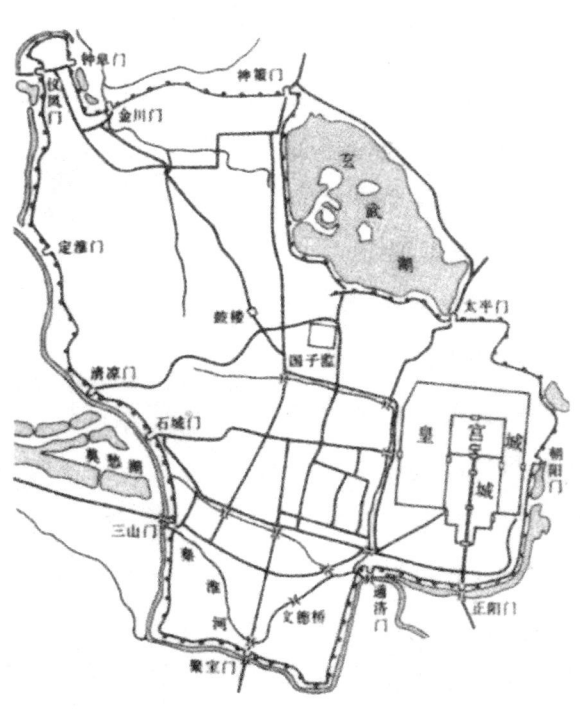

一、石人一只眼，挑动天下反

由蒙古人建立的元朝在中国前后统治只有 97 年的时间。虽然蒙古的铁蹄盛极一时，但"只识弯弓射大雕"的蒙古贵族在他们的统治中存在很多弊端，其中严重的民族歧视导致了他们末期的统治动荡不安，同时宫廷内部的斗争也愈演愈烈，很多地方的人民都难以维持生计。特别是末代皇帝元顺帝（史称元惠宗）妥懽帖睦尔即位后，更是荒淫残暴。国库空虚，物价飞涨，导致官僚们对农民残酷剥削，阶级矛盾与民族矛盾在他统治的时候达到了白热化的程度。多种问题归结在一起，最终引发连年战乱，加之水灾、旱灾、蝗灾、瘟疫等天灾不断，使河南、山东、河北、皖北等中原地区民不聊生，一时间田地荒芜，人民痛苦不堪。

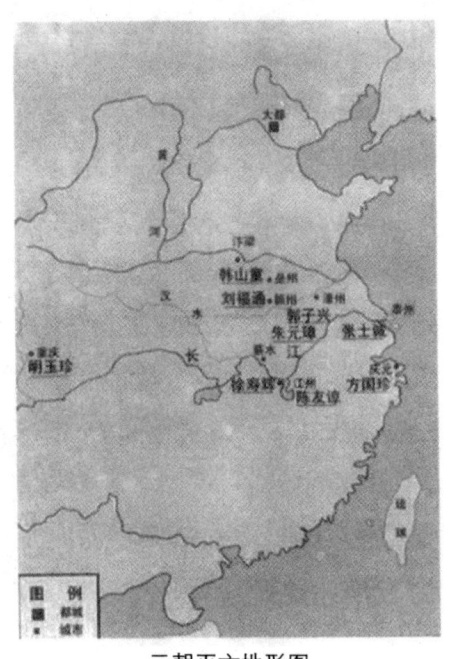

元朝灭亡地形图

在这样地不利、人不和的诸多条件下,元朝渐渐走向了灭亡的道路。

像其他朝代一样,严重的自然灾害成了农民起义的导火索。

自元章宗明昌五年(1194)黄河决口之后,自然灾害成了元朝统治者最大的困扰。在史书上有记载的决口就达两百多次,给中央财政造成了沉重的负担,也严重影响了人民的日常生活。河南一段的黄河几乎是年年决口,元朝政府被迫年年征集民夫堵塞决口,加固河堤。由于连年来水患不断,元朝在泰定二年(1325)二月成立了督水监。这本来是一件利国利民的好事,但由于当时元朝政治腐败,各级官吏营私舞弊,中饱私囊,用征役之名大肆掠夺民财,暗中克扣朝廷下拨的银两,导致矛盾激化,最终引发了元朝末年著名的红巾军大起义。

红巾军领袖韩山童出身平平,他的祖父是河北栾城一个教书先生,创立了白莲教(一种秘密的宗教组织),以传教为名,暗地组织农民反抗元朝,后来事情败露,被充军发配到永年(今河北邯郸东北)。

韩山童长大后将白莲教进一步发展壮大,聚集了不少受苦受难的农民,烧香拜佛。后来一传十,十传百,许多受苦受难、生活没有保障的农民都开始将希望寄托在神灵身上,加入了白莲教,每天烧香拜佛,祈求安宁。韩山童经常对这些教友灌输一种思想,说:"天下大乱,佛祖将要派弥勒佛下凡,明王出世拯救苍生。"这更让这个组织蒙上一层神秘的色彩。白莲教借着当时老百姓对朝廷的不满,大做宣传。当时怨声最为强烈的是黄河沿岸的百姓,他们不但受天灾,还得忍人祸。白莲教的这个传说很快在河南、江淮一带深入人心。饥寒交迫中的百姓们期待真的会有神仙下凡,普度众生。在治理黄河的工程一开始,韩山童就意识到元朝统治已经丧失民心,发动起义的时机已然成熟。经过周密的部署之后,为了更加迷惑百姓,让人们都觉得他代表的是上天的意志,也就是大家常说的要出师有名,于是,他暗中挑选了几百个教徒,混入了挑河民工之中,在工地上暗中宣传一支民谣:"石人一只眼,挑动黄河天

下反。"

民工们不懂这歌谣是什么意思,但是听到里面有"天下反"三个字,就觉得世道要变了,好日子快要到来了。当开河的工程进行到黄陵冈的时候,有几个民工真的挖出一座石人。大家好奇地聚拢来一瞧,只见石人脸上正是一只眼,河工们惊诧不已。这件新鲜事又很快地在十几万民工中传播开来,大家心里都想,民谣说的真的应验了,既然石人出来,那么天下造反的日子自然该到来了。其实哪里有这么神奇的事情啊,这个石人只不过是韩山童事先偷偷地埋好的,但这样的招数在当时确实很奏效。

韩山童身边有个人叫刘福通,他对当时的局势看得很透彻。他建议韩山童说,现在元朝对百姓的压迫已经到了难以忍受的地步,另外蒙古也是外夷小族,老百姓都不服他们的统治,对宋朝还念念不忘,如果我们打起恢复宋朝的旗帜,拥护的人就会很多。韩山童接受了这个主张,至正十一年(1351)五月初,韩山童、刘福通、杜遵道、罗文素、盛文郁、韩咬儿等人,聚教众三千在颍州颍上(今安徽颍上),杀黑牛白马祭天拜地,准备起义。为了让老百姓更加信服,刘福通

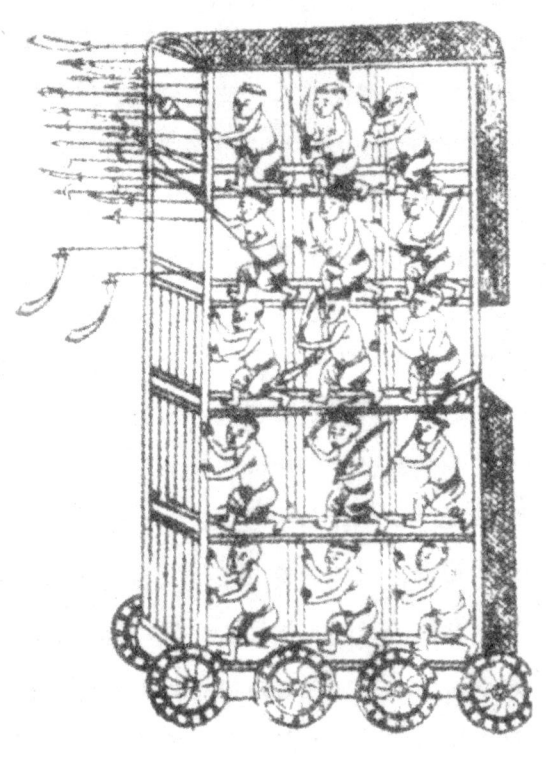

临冲吕公车图

等人宣称韩山童其实是宋徽宗的后代，是他的八世孙，应当为天下的君主。刘福通本是南宋名将刘光世的后代，应当辅佐韩山童。这样他们就完成了起义前所有的准备工作，就等选择日子揭竿而起了。

正在他们准备歃血立誓的时候，想不到教中有人因贪图荣华富贵，走漏了风声。元朝地方军队迅速赶来镇压，给他们来了个措手不及。官府派兵丁把韩山童抓去，押到县衙门杀了。他的妻子杨氏和儿子韩林儿也只好逃到武安（今河北武安）躲了起来。刘福通逃出去之后，聚集其余教众，在仓促之间起兵造反。

开始起义军人数上并不占优，也不懂打仗，但是人心所向，不久队伍就壮大起来了，攻占了颍州等一些元军据点。后来，其他地方的人见有人先反了，很快都起来响应，纷纷投奔到起义军的队伍中。因为起义士兵头上都裹着红巾，历史上把这支队伍称为红巾军。由于队伍中有很多人是白莲教教徒，经常举行烧香祈祷的活动，当时的老百姓也把他们称作"香军"。但是无论叫什么军，能在短短十几天的工夫，发展到十多万人，就是最得人心的军队，这也从另一个侧面说明了当时元朝的统治腐朽到什么程度。

元朝政府听到这个消息，立刻派他们最精良的部队前来镇压，但是这些士兵已经今非昔比了，主将也贪生怕死，没有了当年

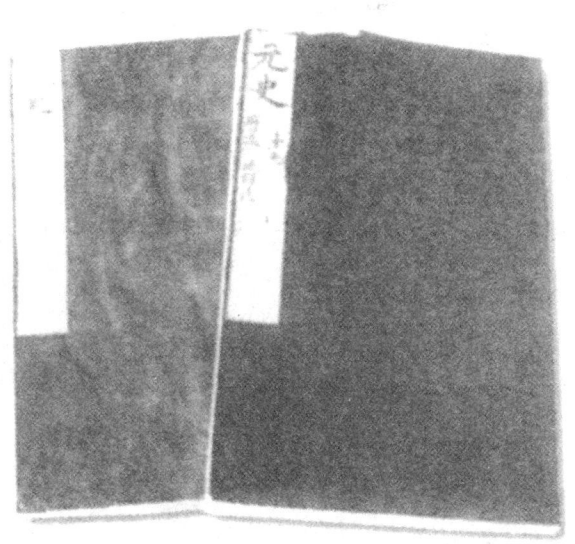

《元史》书影

蒙古铁骑的威风。红巾军一路势如破竹，所向披靡，击败各路朝廷派来的镇压军队，接着占领亳州(今安徽亳州)、项城(今河南项城南)、朱皋(今河南息县)、光州(今河南潢川)，很快人数就多达10余万。

江淮一带的农民早就受到白莲教的影响，听说刘福通起义，纷纷响应。同年夏，南方白莲教僧人彭莹王及其门徒赵普胜等在巢湖起兵，响应红巾军。蕲水（今湖北浠水）的徐寿辉、濠州（今安徽凤阳）的郭子兴也纷纷起义。他们本来不是白莲教的人，和红巾军也没有关系，但是他们也打起红巾军的旗号。其中也有不打红巾军旗号而独树一帜的，像江苏北部的张士诚等。各地起义的消息传到朝廷，让他们惊慌失措。

在不以红巾军之名起义的义军中，数张士诚和方国珍两股势力最为强大。他们都是靠贩运私盐起家的盐贩，属于社会上的草寇之流。他们经常聚众闹事，元朝为了息事宁人，派人招降安抚。张士诚是个见风使舵的人，朝廷逼得紧了，他就降，管得松他就又反，这样反反复复好多次。听说红巾军起义之后，他与其弟张士义、张士德、张士信及李伯升

架火战车

等18人，利用他们在当地的势力，招集盐丁，起兵反元，连克兴化、高邮。元朝对他也是忍无可忍，决定彻底消灭他。至正十四年（1354），元顺帝派人集中了诸王和各省人马，动用了西域、西番的兵力，号称百万，围攻占领高邮的张士诚起义军。张士诚本没有领兵打仗的经验，加上又不肯放弃城池，很快被元军围了个水泄不通。正在他们危在旦夕的时候，元朝内部发生变故，元顺帝下令撤掉当时的统帅。百万元军失去了统帅，顿时乱成一团，被起义军一击就崩溃了。

此时，刘福通的北方起义军趁着元军新败，后方空虚的机会，大破元军。第二年二月，刘福通把韩山童的儿子韩林儿接到亳州（今安徽亳县）正式称帝，国号叫宋。韩林儿被称为小明王。他们在亳州整顿之后，把所有起义军分成三路，开始北伐，准备一举推翻元朝的统治。东路由毛贵率领，进军山东、河北；西路由李武、崔德率领，自湖北进军陕西；中路由关先生(即关锋)、破头潘(即潘成)、冯长舅、沙刘二等人率领，到了第二年九月，翻过太行山，进入山西。三路北伐军都取得很大的进展。毛贵的东路军一直打到元大都城下。刘福通亲自率领大军攻占了汴梁，把小明王韩林儿接到汴梁，定为都城。

但是他们还是犯了农民起义军的通病，缺乏统一指挥，在战斗中没有合理分布兵力和相互协调，凭借主帅个人意志，各行其是，导致兵力分散，而且作战的时候过于孤军深入，攻下的城池不懂得如何保护，一路下来，打下一个城池，然后接着打另一个，但之前打的却很快又被元军占领，反而使自己陷入不断的消耗之中，最终被官军各个击破。

随着三路大军北伐的先后失利，汴梁再次落入元军包围之中，形势急转直下。察罕帖木儿和勃罗帖木儿率领的两支官军对红巾军的宋政权收缩包围。至正十九年（1359）八月，汴梁城被攻破，刘福通保护韩林儿杀出重围。这时候元王朝已用高官厚禄买通了本就不讲信用的张士诚，当刘福通保护小明王逃到安丰（今安徽寿县）后，不料突然遭到张士诚

的袭击,刘福通在战斗中牺牲,小明王韩林儿侥幸逃脱。这样,历经12年的红巾军起义,最终还是以失败告终。

虽然红巾军势力已经消亡,但风雨飘摇的元朝统治也已是穷途末路,逐渐崛起的朱元璋起义军将在以后十年间从江南卷土重来。

二、从和尚到元帅

中国历史上的开国之君大多出身于名门望族，他们要么是生长于士大夫家庭，从小学习文韬武略，为将来成就霸业打下基础，例如唐朝的开国皇帝李渊；本来就是名臣良将，统一天下的过程中有众人推捧，鼎力相助，例如宋朝的开国皇帝赵匡胤。陈胜、吴广提出"王侯将相，宁有种乎"的愤怒口号，将其做到极致的却是明太祖朱元璋。

元朝文宗天历元年（1328）九月十八日，朱元璋出生在濠州钟离东乡的一个小村庄（今安徽凤阳东北）。父母是佃农，没有自己的土地，靠租种别人的土地来维持生计。他是家里的第六个孩子，上面有三个哥哥和两个姐姐，取名重八，后来因为这个名字不登大雅之堂，改为元璋，字国瑞。在他小的时候曾读过几个月的私塾，后因交不起学费，只能退学给地主放牛，基本属于目不识丁的文盲。元至正四年（1344），接

朱元璋像

3 小时读懂明朝

连不断的发生天灾，淮河流域大旱，随即由天旱引发了蝗灾、瘟疫等，让老百姓本就困苦的生活，更是雪上加霜。朱家在这场劫难中也遭受了毁灭性打击。朱元璋的父母、大哥、大哥的儿子在这场灾难中相继去世，大嫂带着孩子逃回了自己娘家，家里仅剩下他和二哥。虽然保住了性命，但吃饭问题又成了他们的困扰。家里连一粒米都没有，实在是没办法生活。二哥无奈之下跟随别人外出逃荒，也就成了历史上说的流民，当时通讯不便，基本无法联系，更不可能照顾到年少的朱元璋。好心的邻居就给他指了一条路，说他家中没有亲人，不如去寺院里当和尚，这样最起码能填饱肚子。于是，他到附近的皇觉寺当了小和尚。当时寺院里的小和尚，其实是给人使唤的佣人。朱元璋每天伺候师父、师兄，起早摸黑，扫地、上香、敲钟、做饭，日子过得很苦。但是，那个日子里要在皇觉寺混口饭吃也不容易。原来，皇觉寺是靠出租土地收租米过日子的，这年灾情严重，农民收成不好，皇觉寺也就收不到租米了。朱元璋刚到寺里呆了才 50 天，寺里就面临断粮的局面。师父、师兄们也一个个离开寺院到外面去化缘，朱元璋也被打发出门，带着小木鱼和钵头到淮西一带流浪讨饭。他不但出身不好，还做了和尚，又做了讨饭的人，可谁会想到这样一个人最终开创了一个朝代呢！

过了 3 年，濠州的灾情稍微缓和了一点，他才又回到皇觉寺。云游的 4 年时间里，他居无定所，风餐露宿，朱元璋对这段落魄的生活感触很大。有句俗话说得好，叫"读万卷书，不如行万里路"，这一点在朱元璋身上很好地体现了。他在流浪的岁月里，虽然苦不堪言，但是却让他开阔了视野，磨炼了意志，他的雄心壮志也是在云游四方的时候建立的。经过四方流浪，他认清了天下大势，决心投奔起义军，在这末世动乱之际有所作为。他决定投奔当时江淮一带最强大的武装起义军——郭子兴领导的红巾军。

郭子兴本是定远县（今安徽定远）的一个财主，因为家中无人在朝廷做官，经常受地方官吏的欺凌压迫，敲诈勒索，无奈之下加入了白莲

教，准备起事造反。由于他财大气粗，经常摆酒杀牛，设宴款待各方的来客，很快在他的身边就聚集了很多江湖上的英雄好汉，为自己起义做好了人员上的准备。

当时已经天下大乱，各路豪杰纷纷响应刘福通起义。元朝政府中央军兵败后，各地方军都被征调去平定起义军，濠州城内军备空前虚弱，只留下了一些老弱病残维持治安。郭子兴认定时机已到，就和四个朋友一起召集之前结交的各路朋友和一些生存不下去的农民数千人，杀了州官，一举攻占了濠州城。领导起义的郭子兴等五个人后来都自称元帅。当地的一些老百姓和一些流浪到这里的人听说有人杀了州官，纷纷前来参加，郭子兴的队伍很快壮大起来，他也就成了当地最大的红巾军领袖。

一天夜里，朱元璋跑到濠州城投奔红巾军，但由于当时战事紧急，守城的官兵见他是个和尚，怕他是敌人的奸细，就把他绑了起来押到郭子兴帅府进行审问。郭子兴本来就是个喜欢结交英雄好汉的人，听说有人来投奔，是个和尚，心想可能来投奔的是个英雄也说不定，于是骑马回帅府看个究竟。眼前的和尚虽然衣服穿得破破烂烂，但却身材魁梧，浓眉大眼；虽被捆绑起来，却没有一丝恐惧之意和沮丧的表情，眉宇之间还透露着一股傲气。郭子兴一看，十分喜欢，就呵斥兵丁说："凡是来投奔的都是我们的朋友，怎么能如此对待朋友啊，快快松绑。"随后他把朱元璋带回元帅府，留

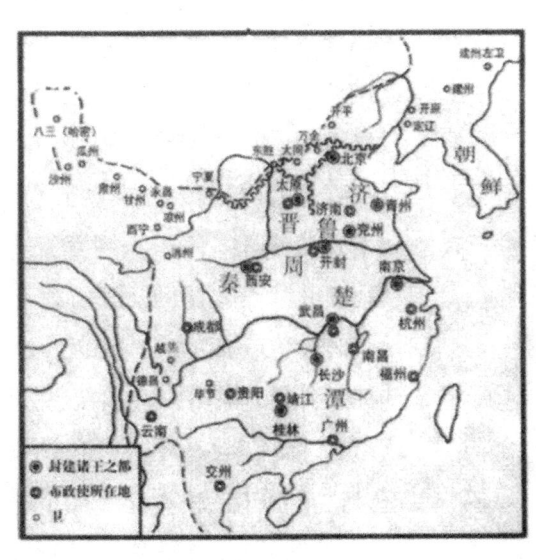

明初要地略图

3小时读懂明朝

在自己的身边，当了亲兵。

在随后的交谈中，郭子兴发现朱元璋谈吐不凡，对天下形势很有自己的看法，认为他是个人才。很快朱元璋用自己的行动证明了自己，在几次的

明·朱元璋祠堂外景

战斗中表现出了卓越的军事才能。他能征善战，有勇有谋，很快在郭家军里站住了脚，郭子兴也把他视为心腹，行军打仗总要听取他的意见。就这样，朱元璋在起义军中的声望和势力不断提升壮大。

郭子兴起事前有个好朋友姓马，在郭子兴起兵那年病死。这位姓马的朋友在临死的时候，把他的孤女托给郭子兴照顾。郭子兴是个讲义气的人，就把这个女孩带回家里，交给妻子张夫人抚养，并且把她当作自己的亲生女儿一样。郭子兴一直就有为女儿找个女婿的想法，苦于当时没有合适的人选，就一直把这件事情搁在了那儿。朱元璋有才能，并且年龄也和郭子兴这个女儿比较般配，为了笼络人才，郭子兴就把自己的养

郭子兴像

女马氏许配给了朱元璋。当初皇觉寺的小和尚一下子成为郭元帅的乘龙快婿，真是草鸡变凤凰了。

濠州的红巾军和其他地方的红巾军一样，由于领袖之间有争权夺利的陋习，再加上当初郭子兴连同四个结义兄弟一起起义，事成之后五人的职位都是元帅，大家不分上下，谁也管不了谁，这本身就犯了兵家之大忌。俗话说一山不容二虎，那一军中就更不能有五位元帅了。日子久了，他们之间就闹起了矛盾，其他四个元帅都出身草莽，江湖气太重，没有组织纪律性，做事全凭自己的好恶，而郭子兴一心想把这支队伍带好，就和其他四人发生了摩擦。四个人结成一伙，排挤郭子兴。有一次，郭子兴差点被他们害死，亏得朱元璋得到消息，暗中搭救，郭子兴才安然无恙。

通过这件事，朱元璋也意识到了起义军内部问题严重，加上几个将帅胸襟狭窄，难成大器，虽然现在形势一片大好，但将来的下场也难逃被元军剿灭，或者被其他地方势力吞并的命运。要在这乱世中自保，就必须自己招兵买马。于是，他以征兵为名请命回到家乡，决心培养起自己的力量，建立一支自己的队伍。当时红巾军深得人心，一呼百应。朱元璋小时候的朋友徐达、汤和，听说朱元璋做

朱元璋睡床

3 小时读懂明朝

了红巾军的将领,都来投奔,不到 10 天,就招募了 700 人,后来,又袭击元军,招降了一批元军,其中很多人成了朱元璋夺得天下的中坚力量,其中就包括了徐达、汤和、李德兴等一代名臣良将。朱元璋有了大批生力军,于是整顿纪律,加紧训练,把手下的军队训练成一支战斗力很强的队伍,在周围声威大振。

李善长像

用句现代的话讲,朱元璋现在已经挖掘到了"创业之路"上的第一桶金。拥有了这样的生力军,他也有了在乱世之中谋求一席之地的资本,但是该如何生存发展,还需要能人帮助策划。他没有犯其他红巾军将领的错误,认为凭借草莽之勇就能夺得天下,他四方寻找有知识有文化的人来辅助他的事业。他听说定远有个能人叫李善长,他就去拜访他,向他请教。朱元璋问现在天下大乱,什么时候才能统一呢?其实言下之意就是想知道自己需要多久能完成统一大业。李善长就说,秦朝末年,也是天下大乱,以汉高祖刘邦知人善用,心胸开阔,虽然出身贫寒,但却能从善如流,只用了五年的时间就成就了天下霸业。李善长的话真是说到了朱元璋的心坎里,从此朱元璋就以高祖刘邦为榜样,一心一意地效法。

朱元璋自己训练的队伍战斗力很强,接连打下滁州、和州,在起义军中名声大振。不久之后郭子兴因病去世,当时的小明王就封其子郭天叙继任为元帅，朱元璋为副帅。郭天叙年轻，没有战斗经验，加上朱元璋在军中培养了很多亲信，大权就掌握在身为副帅的朱元璋手中。郭天叙在攻打集庆（今江苏南京）的时候阵亡了，朱元璋顺理成章地接手了部队，当上了大元帅，大破元朝水军。集庆守兵见大势已去，50多万军民于是出城投降。朱元璋将集庆改名应天府，以后就以应天府作为根据地，向江南一带发展。

三、招贤纳士

朱元璋与其他红巾军元帅的不同之处就在于他知道用那些有智谋的人,而并非只知道用武夫莽汉。他认识到,要称霸天下,还得需要有谋略的人来辅佐。任何一个朝代的建立,都不是一两个人的功劳,更不是开国皇帝的功劳,能否成就大业,一个很重要的因素就是能不能笼络到优秀的人才。例如,汉朝的刘邦身边就有张良、陈平等一帮谋士,而朱元璋的成功,也离不开一个人的贡献,那就是刘基——刘伯温!

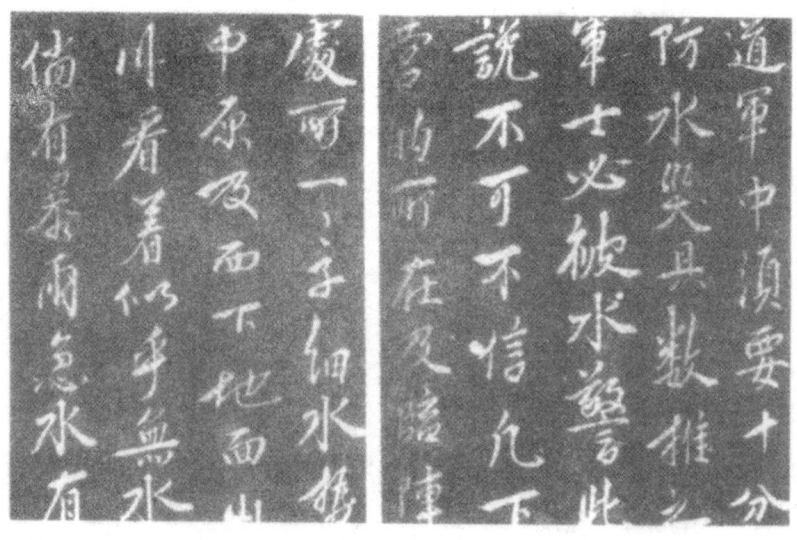

朱元璋手书军令

朱元璋在攻取金华之后，听说江南地区人才辈出，就下令广开门路招贤纳士。当时浙江的名士以青田的刘基、龙泉的章溢、丽水的叶琛、浦江的宋濂这四位最为著名，被人称为"浙东四先生"。朱元璋当时发展迅猛，但也没有被胜利冲昏头脑，对人才还是求贤若渴。他立即派人重金礼聘，但能被称为一方文士的自然都颇为清高，他们婉言谢绝了朱元璋的美意。朱元璋一再恳请，精诚所至，金石为开，终于打动了四位先生，他们来到了朱元璋军中，共谋天下大计。

朱元璋一见到四位先生便诚恳地说道："今为了天下百姓苍生，委屈了四位先生。"一个主帅能说出这样的话，让四个人一听深受感动，不像其他农民起义军领袖一样，心中只有自己的霸业，哪有百姓的安乐啊！他们听了这话，认为朱元璋心系天下百姓，一定会深得人心，是个成大事的人，纷纷表示愿意在朱元璋麾下效力。这四人日后都成为平定乱世、治理大明江山的能臣。特别是刘基，字伯温，一生更是具有传奇色彩，不但辅佐朱元璋扫平群雄，统一全国，在功成名就的时候急流勇退，是中国历史上少有的帮助君主夺得天下之后没有遭到打压的人物。他更是上知天文，下知地理，料事如神，呼风唤雨，和诸葛亮一样成为人们心目中的偶像，深受人们的尊崇。

朱元璋与刘基相见所设的酒席上，这位久经沙场的大帅很有闲情逸致地向刘基问道："不知先生吟诗作赋的本领如何？"刘基微笑着回答说："那些不过是读书人的雕虫小技，没有半点为难。"这时，朱元璋便随手扬起手中的斑竹筷，请他以

刘伯温像

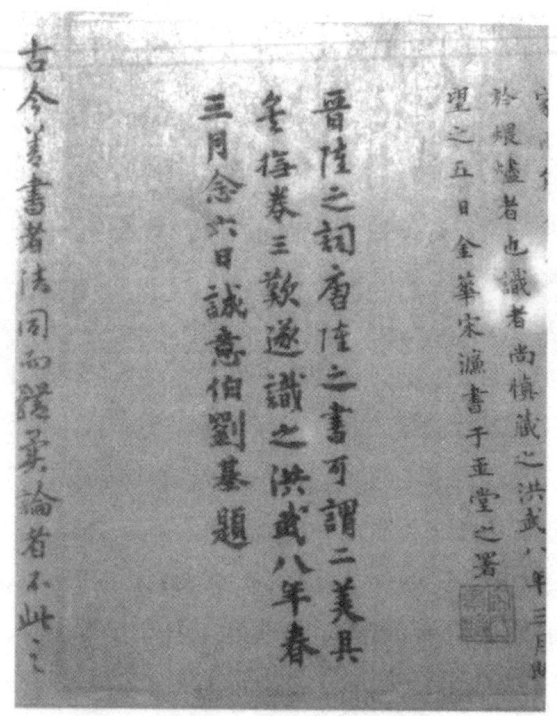

刘基手书晋代陆机《文赋》的题跋部分

此为题赋诗。刘基不假思索，脱口而出："一对湘江玉箸看，二妃曾洒泪痕斑。"朱元璋听后，对他的才气很钦佩，但还是装作不满，皱了皱眉头说道："未免书生气太浓了！"刘基揣摩透了朱元璋的心思，知道一位胸怀天下的人，怎么会喜欢这些风花雪月的诗句，不慌不忙地接道："汉家四百年天下，尽在留侯一借间。"这句算是说到了朱元璋的心窝子里。刘基巧妙地将张良用筷子为汉高祖刘邦分析天下大势的典故，放进了诗句，将朱元璋喻作汉高祖刘邦，而自比留侯张良。朱元璋听了这句是又惊又喜，一为刘基的才气，二是因为当时朱元璋帐下，虽然文韬武略，人才济济，但就是缺少张良这样谋臣式的人物。朱元璋大笑道："伯温这个时候来到我身边，正是上天赐给我的张良啊！"

刘基也从交谈中看出朱元璋有胆有识，便向朱元璋详细分析了天下群雄逐鹿的形势，阐明了当前应对时局的十八条对策，深得朱元璋赏识。这一幕和诸葛亮对刘备分析天下局势不谋而合，也难怪后人将刘基与诸葛亮相提并论了。朱元璋从自己建立队伍以来，对人才特别尊重，凡是他认为有才能的人，都给予了相应的待遇。他也特地给刘基修建了礼贤馆，把他留在自己身边，共议征讨大计。刘基也不辱使命，审时度势，

运筹帷幄，总能献上良策。史书上称他："每遇危难，勇气奋发，计划立就。"意思也就是说，每当朱元璋遇到危难的时候，他总能献出良策，帮其渡过难关。

在朱元璋成功攻占徽州后，他又听说附近有能人贤士，便亲自去石门拜访当地名士朱升。当时朱元璋向他讨教治国平天下之策，朱升没有多说话，只是送给了朱元璋三句话九个字："高筑墙，广积粮，缓称王。"朱元璋听后思量当下形势，确实需要如此。朱升的话虽然不多，但却成了指导朱元璋进一步夺取天下，建立大明王朝的行动纲领。

区区九个字，却成了朱元璋克敌制胜的法宝。其中"高筑墙"的意思是让朱元璋先要谋求自保，其次才是领土扩张。以当时朱元璋所处的形势，周围被各种势力所围困，虽然当时局面很好，但前景却是非常凶险。

而单纯从防务上巩固根据地是不够的，防务和军需如同一个人的两条腿，"广积粮"的道理其实就是要做好打持久战的准备。行军打仗，最重要的一点就是粮草要充足，俗话说得好，手中有粮，心中不慌。

同时以"缓称王"的方式减少自己的舆论压力，意思就是不要把自己过早的当成众矢之的，成了别人攻击的靶子，大力发展，但要低调处事。

这九个字，可以说堪称为经典，对于朱元璋来说，字字都是无价之宝。朱元璋也是个识大局的人，将这九个字作为以后的行动纲领，最终指导自己走向了一朝开国皇帝的征程。

四、统一之路

在各路群雄此消彼长的争斗中,朱元璋遵从九字箴言,实力逐渐强盛。当时还有一股力量与他相当,那就是自称汉王的陈友谅。他自恃水军厉害,至正二十年(1360),想凭借自己在水军方面的优势力量,沿江顺流东下,进攻应天府,想要一举吞并朱元璋占领的地盘。

陈友谅故居

朱元璋是个有勇有谋的人，见到这种局势，并没有马上排兵布阵，而是采用了一个计策，将陈友谅一举打垮。他的一个部将康茂才年轻时与陈友谅一起举事，算是老朋友了。朱元璋设计让康茂才假意做内应，并且让康茂才串通陈友谅兵分三路攻打应天，以分散他的兵力。

康茂才派了一个得力的仆人去送信给陈友谅。仆人连夜赶到陈友谅的驻地。陈友谅看了信以后并不多疑，问仆人道："康公现在在哪儿？"

朱元璋称帝

仆人回答道："他现在正带领着一批人马驻守在江东桥，准备接应大王。"陈友谅信以为真，连忙又问："江东桥容易找到吗？"

仆人说："江东桥就是座木桥，很容易认出来。"

陈友谅又与仆人谈了一阵，了解了详细情况，便给了些赏赐，打发他回去。临行时，陈友谅跟仆人约定了时间："你马上回去对康公说，我立即带领人马赶去江东桥，请他马上接应。"

结果陈友谅到江东桥中了埋伏，刚开始渡江就受到突然袭击，被朱元璋的大军打得落花流水。由于是突然袭击，几万大军一下乱了阵脚，互相践踏，战死踩伤，落水淹死的不计其数，两万多士兵被生擒，几百艘战船被摧毁。

3 小时读懂明朝

此战之后朱元璋声势壮大，成为各方力量中最有实力的一支，而陈友谅也是个不肯善罢甘休的人。在元至正二十三年（1363）四月，陈友谅纠集号称 60 万大军，倾巢而出，进围朱元璋的属地南昌。朱军守将朱文正、邓愈、赵德胜、薛显率领全城将士殊死搏战，坚守 85 天，使陈友谅初战受挫，坚城之下进不得，退又伤面子，两军就这么耗着，而此时的朱元璋从容调兵遣将，准备与陈友谅决一死战。

最后，陈友谅在康郎山战役中，彻底失败，自己也在混战中被乱箭射死。

彻底消灭了当时最强大的割据势力陈友谅以后，朱元璋意识到称霸天下的时机已经来到，便自立为吴王。

第二年，朱元璋任命徐达为大将军，常遇春为副将军，率军 20 万讨伐另一股大势力张士诚。朱元璋的部队士气昂扬，很快攻破城门，大军一拥而上，进入平江城内。张士诚的将士已无斗志，纷纷投降。张士诚见大势已去，纵火烧死妻儿，闭门准备上吊自杀，被其部将解救，徐达将其押送应天。破城之日，徐达严格约束部下，立下军令："掠民财者死，毁民居者死，离营二十里者死！"朱元璋的军队纪律严明，秋毫无犯，获得了当地老百姓的信任。

这时南方已经平定，朱元璋任命徐达为征虏大将军，常遇春为

陈友谅墓

副将,率领 25 万大军开始北伐。仅仅用了两个月,徐达的军队就占领了山东。至正二十八年(1368)正月,朱元璋在应天(今江苏南京)即位称皇帝,国号为明,年号洪武,他就是明太祖。

此时元朝已无力再战,元顺帝逃至上都,很快残余势力就被扫平,统治中国 97 年的元王朝被推翻。

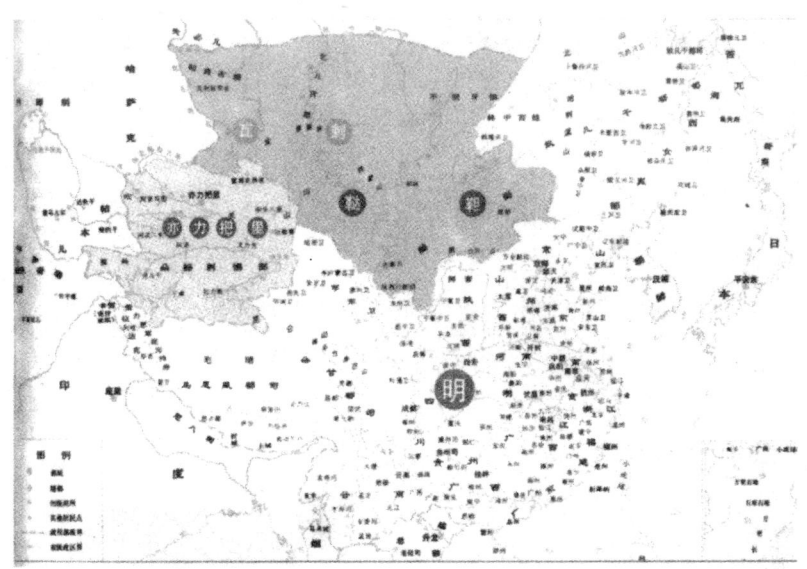

明初形势图

五、名臣良将

在中国封建社会,臣是最高统治者皇帝和被统治者百姓之间的一个中间环节。臣对君来说,是"事君之吏",是为皇帝分忧,尤其是一代开国之君身边更要有一群能臣良将才能成就霸业。那么,明太祖朱元璋身边的一班文武大臣们又有怎样的风采呢?

徐 达

徐达(1332~1385),字天德,濠州钟离永丰乡(今安徽凤阳)人,他是明朝开国功臣,杰出的军事家、统帅。朱元璋视他为韩信再世,可见其卓越的军事才能。他与明太祖朱元璋是同乡,自幼相识,同为贫苦出身。他的童年也非常困苦,正是这样的生活锻炼了他的品格,磨炼了他的意志。在朱元璋与

徐达像

各方割据势力对抗、推翻元朝统治和稳固大明江山的过程中，徐达作为最高军事统帅，表现出了卓越的才能。他身经百战，功绩显赫，史书上称他"以智勇之资，负柱石之任"，意思就是他用自己的智慧和勇气，担当起了明朝江山创立时的中流砥柱，是大明王朝开国功臣中武将第一人。

在朱元璋借机回乡招兵买马的时候，徐达得知这个消息，毅然从军，时年22岁，跟随朱元璋，戎马一生。

徐达对朱元璋可以说忠心耿耿，在听说朱元璋因误会被一个将领的部下扣留时，他自愿出来替代朱元璋做人质，以便朱元璋能脱身出去调查调解。后来误会得以澄清，这场危机才算平定下来。而在这次事变中徐达的胆识、气魄更为朱元璋所欣赏，两人的关系更加密切了。

之后徐达随从朱元璋渡过长江，攻取太平（今安徽当涂），夺取集庆（今南京）作为政权根据地，后来又马不停蹄地率领部队攻占镇江等地，横扫江东，为朱元璋安稳坐定应天付出了辛劳，后来被封为淮兴翼统军元帅，在鄱阳湖之战大败陈友谅军，在苏州俘获张士诚及其将士25万，接着又挥军北伐攻克大都(今北京)。随着他入驻大都，元朝也灭亡了。到了明朝初年，他又多次带兵远征，深入不毛之地，戍守边疆，一生之中战功无数。

虽然徐达位极人臣，战功显赫，但也没有逃脱"兔死狗烹，鸟尽弓藏"的历史轮回。

刘伯温曾经借下棋的机会暗示过他，但是他没有在意，认为这事情不会在他和朱元璋之间发生。可惜他忘记了，此时的朱元璋已经不是那个流落街头、无家可归的小和尚了。刘伯温见徐达不知自己暗中的奉劝之意，也只能摇头叹息。

后来徐达得了背疽症，民间传说不能吃烧鹅，但朱元璋却故意派人送来了烧鹅给徐达吃，其实言下之意就是赐死。徐达看到烧鹅感慨万分，无奈含泪吃了烧鹅，不久就发病而死。

常遇春

常遇春(1330~1369)，字伯仁，回族人，安徽怀远人。他身材魁梧，性格沉着果敢，双臂修长，善于骑射，元至正十五年（1355）春，在和阳加入到朱元璋起义军中。他和徐达一起，成为朱元璋的左膀右臂。徐达是一个帅才，有智谋，有战略眼光，而常遇春则是典型的将才，他有张飞之猛勇，作战身先士卒，怒目就可威震敌胆。有人将明朝的统一大业概括为南下、西征、东取和北伐四个大阶段，在所有的阶段常遇春从始到终，大小战役没有一仗不参加的。他带兵以勇猛顽强、无坚不摧而著称，自称能以十万大军横扫天下，军中将士戏称他为"常十万"。

常遇春在中国五千年的历史长河中，也是无人能与之相媲美的一代猛将。相传他常自己带兵突进，搅乱敌人的布阵，并且在需要的时候，敢孤身潜入元军统治的

常遇春像

地区打探消息。朱元璋挥师北伐向元朝发起总攻之时，军事要塞太原成为战役的焦点，但太原自古就是兵家必争之地，城高池深，易守难攻，元军利用这样一个屏障，以逸待劳，固守不出。西征大将军常遇春担任这次任务的先锋，在几次叫阵不出之后，他为了了解守敌详情，甘冒奇险，装扮成樵夫，混进太原城查探情报。不料半路走漏了风声，刚一进城，就被元军事先埋伏好的士兵四面包抄，陷入重围。就在这万分危急

第一章 明朝兴起，江山一统

常遇春墓前拉马侍从雕像

并且身边没有随从的情况下，他还是杀开一条血路，逃进了城墙旁的一个小巷里。由于城中居民对元朝怨气很深，在一位孤寡老妇人柳氏的帮助下，常遇春逃过一劫。获救之后，常遇春为了感激老人救命之恩，临别时，他顺手折断了院子柳树上的一枝，对柳氏说道："老人家，这里马上就要成为战场了，兵荒马乱的年月，难免会有所误伤，您就把这根柳条插在门上，以保证您的安全吧。"几日之后，他率领军队攻破太原城。柳氏眼见战火连天，害怕街坊四邻遭受劫难，就挨家挨户告诉街坊四邻，让大家都把柳枝插在门口。常遇春回到营中之后，命令士兵对门口插柳条的住户要小心保护，秋毫无犯。后来，人们为纪念柳氏和常遇春的恩德，也为了庆祝太原的光复，就家家在门前种上一棵柳树，渐渐绿柳成荫。这条小巷由此远近闻名，后来人们把它改名为"柳巷"了。

传说大将常遇春三打采石矶时留下的大脚印

刘 基

刘基(1311~1375),字伯温,出生在南田武阳(今浙江文成县),相传他得到高人传授技艺,上知天文,下知地理,对用兵打仗也是有如神助,总能在危难之际,想出化解的妙计。朱元璋成就霸业,他功不可没。民间的老百姓对他的评价相当高,常拿他和诸葛亮一起比做智慧的化身。

他的一生,大约可以以50岁那年为分界线,50岁之前效力于元朝,50岁之后辅佐朱元璋。他在23岁那年就高中进士,做了江西高安县丞,后来又晋升为江浙儒学副提举。由于他嫉恶如仇,曾几次三番上书弹劾御史失职的事情,都被御史大臣阻挠回去,刘基激愤之下失去了对朝廷的信心,辞职还乡,隐居临安,每天纵酒高歌,泛舟西湖,以抒发心中的忧愤。

朱元璋率起义军南下,攻占金华、处州等地后,得知刘基才能出众,再三邀请。刘基应召出山,这些上面已经叙述,这里就不再重复。同年六月,陈友谅大军30万攻克太平,利用水军威胁应天府。朱元璋帐内一时出现了主战和投降两种意见,有人说应该保存实力撤退,而

刘基雕像

有人却说要和他们决一死战,争吵不休,让朱元璋一时也很难做决定。刘基什么话也不说,朱元璋见他有些反常,就把他请到内室,想听听他的意见。刘基进了内室,激动地说:"主张投降和逃跑的都应该斩首!"他又解释说:"陈友谅为人骄纵轻敌,应当诱敌深入之后再给予敌人致命一击。这正是称霸天下,成就帝王大业的绝佳机会啊,怎么能够放弃呢!"

朱元璋听从了刘基的意见,命部下设计,里应外合,打败陈友谅主力军,改变了当时群雄争霸的局势,增强了自己的实力,奠定了下一步扩展全国的基础。

刘基为人性格刚直,不会趋炎附势,更不会以自己的好恶来影响对局势的判断。朱元璋打算撤换李善长相位,本来李善长处处为难刘基,这是一个扳倒李善长的好机会,但是刘基还是秉公论事,说李善长能调和诸将,换相这样的大事必须慎重。虽然替李善长说了话,但是也没能阻止朱元璋,李善长最后还是离任了。朱元璋又想任命刘基的好友杨宪

3 小时读懂明朝

刘基庙位于方成县苔溪镇南山

为相,刘基认为杨宪虽有才干,但气量狭小,不能担任丞相的职务。

刘基还博览群书,在文学上也有很高的造诣和成就,他的作品对后世有很大的影响。

刘基对历代帝王功成名就之后"兔死狗烹,鸟尽弓藏"的心理非常了解,所以,他将朱元璋扶上宝座之后,隐退下来,最终得以保全,没有像其他功臣名将一样"意外"身亡。

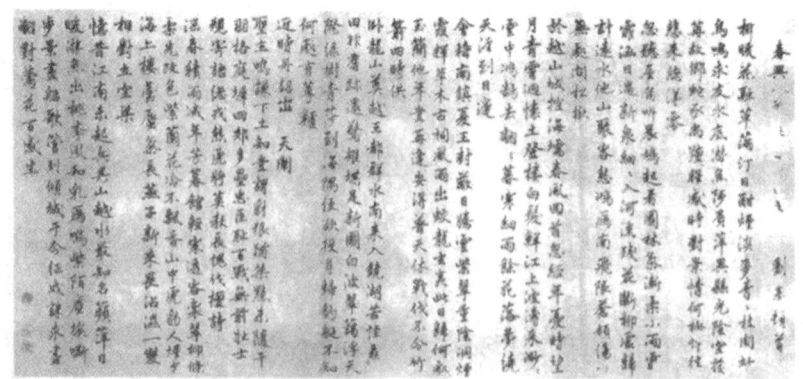

刘基手迹《春兴八首诗卷》

元末社会危机重重，群雄并起，海内豪杰之士，均有争夺天下的野心。早期的朱元璋与其他草莽英雄并无不同，首先求得安身立命，在此基础上求取富贵，但他开始重用读书人之后，胸襟就开阔起来，眼光更加长远了。

中国历代开国帝王大都出身显赫，以平民身份起家的唯有朱元璋跟刘邦二人。他们都因知人善任而夺取天下，后人也常将李善长、徐达、刘基，与汉朝的萧何、韩信、张良相比，称之为明朝"三杰"。朱元璋本人也将刘邦当作自己学习的榜样。更为重要的是他采纳了朱升"高筑墙、广积粮、缓称王"的策略方针，在群雄混战的年代里韬光养晦，保存实力，在此消彼长的争斗中，所受的冲击最小，由于手中兵粮富裕，为最终的胜利奠定了坚实的基础。这些是张士诚和陈友谅等实力派所不具备的，这也成了朱元璋最终成功的关键因素。

而朱元璋既是中国历史上杰出的政治家之一，又是中国历史上少有的暴君。晚年他猜忌心理极重，大肆屠杀功臣，比刘邦及其妻子吕氏更为疯狂。对于他的一系列暴行，史学家有两种解释：一是"蜕化变质"论，意思是经过一系列的争斗之后，改变了他的性格；二是"政治需要"论，这个观点的意思是，由于他意识到自己出身低微，没有家族势力，唯恐这些功臣威胁自己的统治。无论究竟出于什么样的目的，这种做法让大部分有能力的人丧失决策的资格，极大的削弱了当时明朝统治的力量，给燕王朱棣篡夺建文帝朱允炆的江山埋下了隐患。

君权压制相权,建立君主专政。

第二章
开创期政治局面

一、专制统治的强化

人们普遍认为，皇帝总是处于至高无上、唯我独尊的地位，其实不然。在中国封建君主专制统治的几千年里，大多数时间内都处在一种相权与君权均势，相互制约的状态之下。"丞相"是辅佐君王处理日常政务的最高官职。西汉一代名相陈平曾说，丞相于上帮助天子调理内外，顺应四时，于下要安抚百姓，了解民间，协调好在外的官员和少数疆吏与朝廷的关系，监督其他大臣完成好自己的本职工作。

明初设立的中书省机构庞大，位高权重，实行自秦始皇开创的宰相（丞相）制度，又沿袭了元朝中书省"录军国重事"体制，立左丞相李善长和右丞相徐达。六部仅为中书省下属的机构，领导六部的长官尚书、侍郎等成为丞相的属员。中书省有"综理机务"的最高权力，全国各地给皇帝上的奏报，要经"中书省"才能送到皇帝面前，以皇帝之名

明朝疆域图

下发的诏令谕旨，要先下达到中书省，而后才能昭告天下。

以宰相为代表的官僚阶层是封建社会中很有组织性的力量，也就是人们经常提到的士大夫阶层。官僚体系本身就是一个庞大而严密的整体，内部还因科举制度、地缘因素而形成官员之间的师生关系、乡籍关系，产生错综复杂的联系。而中国数千年封建社会政治制度，为了保障君权，经常会采取一定的手段来压抑相权。明朝已近封建社会之末，更需要君主独裁来压制种种危机，加之明太祖朱元璋独揽大权的个性，都注定了在明初的政治舞台上，君权与相权之间将有一场激烈的冲突爆发。

明太祖朱元璋最初设立两个丞相，即左丞相李善长和右丞相徐达。徐达多年领兵在外，虽有重兵在握，但朝中的权臣还属李善长。史书上称李善长"少读书，有智计，习法家言，策事多中"，随朱元璋西征北伐，是大明社稷的栋梁之臣。朱元璋与李善长同乡，意气相投。朱元璋把李善长看作是萧何式的人物，从行军作战到日常政务，李善长事无巨细都一一参与。明朝建立后，法规、制度、礼节和仪制都需重新制定，这些都是由李善长组织修订完成的，所以，李善长是所有功臣中最早被封公的，被封为韩国公，而同样功勋卓著的刘基仅仅被封为诚意伯，由此可见，朱元璋对他的器重。

明朝江山稳固后，居功至伟的淮西集团权力开始膨胀，朱元璋也对淮西集团的代表人物李善长愈发不满。洪武四年(1371)，李善长以年老力衰、体弱多病请求辞去丞相之位。他这样做，是想投石问路，试探皇帝的心思。朱元璋没有过多挽留他，答应了这个请求，让他告老还乡了。李善长退休后，当时大明局面还没有完全稳定，中书省还在发挥着它的职能，而徐达在外领兵打仗，中书省无人主持，积压了许多政务，朱元璋于是任命自己的心腹汪广洋做了丞相。汪广洋为人小心谨慎，对朱元璋更是忠心耿耿，可惜他才智平庸，优柔寡断，事事请示，又把工作弄得一团糟。李善长借机推荐了淮西集团领军人物胡惟庸进入中书省主持工作。胡惟庸精明强干，得到李善长的指点和淮西集团旧部大力支持，深得

朱元璋的欢心。

洪武十年(1377),朱元璋提拔胡惟庸为左相,而汪广洋降为右相。不久,汪广洋被朱元璋随便找个理由贬到了广东,后又把他杀了。胡惟庸平步青云,很快登上"一人之下,万人之上"的高位,大权独揽,不免飞扬跋扈,专擅朝政,独断专行,又走上了李善长的老路。官员呈给皇帝的奏折,须经他审阅,同时他还大肆受贿、卖官鬻爵。大将军徐达深恶其奸,上奏弹劾。胡惟庸得知后,就要加害徐达,而朱元璋的重臣刘基患了病,服用了胡惟庸赠予的药物后,不几日就病发身亡了,这更加激怒了朱元璋。不久,有人上告胡惟庸结党谋反,朱元璋立即下令追查。当时说胡惟庸通谋日本和蒙古叛乱,缺乏确凿证据,但在洪武十三年(1380),朱元璋还是以"擅权植党"之罪处死了胡惟庸。胡惟庸恃功骄纵,跋扈揽权,终于把长久积累的矛盾进一步激化,结果满门抄斩。后来,朱元璋又以李善长身为元勋国戚,知道胡惟庸逆谋造反而不告发,将他论以"大逆不道"的罪名,处死了开国元勋李善长及其全家,肃清党羽,前后受到牵连被杀的人多达3万,淮西集团终于被一网打尽。

朱元璋如此血腥镇压有功之臣的目的只有一个,就是要对中央朝廷

明朝都城图

的官制作大幅度的改变。洪武十三年（1380）实行的官制改革，主要有以下几方面：

撤中书省，永久废除丞相一职。朱元璋诏书中特别强调指出了丞相制度的弊端："自秦始制丞相，不旋踵而亡。汉、唐、宋虽有贤相，然其中多有人专权乱政。"在废除丞相后，"事权归于朝廷"，还规定后世君主不得恢复丞相这一职位，臣子中如有敢上奏要求恢复的，将处重刑。

同时加强了吏、户、礼、兵、刑、工六部的部门职能，并且由皇帝统一领导指挥。将统领军权的大都督府分解为中、左、右、前、后五军都督府。这样皇帝就彻底把政权、军权都掌握在自己手中，中央集权统治得到了空前的加强。

为加强中央集权统治，充分掌握情报，洪武十五年（1382），朱元璋开始改革禁卫军，建立了十二个亲军卫，其中，最重要的就是"锦衣卫"。其职能是："掌直驾侍卫、巡查缉捕。"这中间的一个顿号，把锦衣卫的职能划分为截然不同的两个方面：一种就是侍卫的工作，殿中侍立，传递皇帝的命令，兼做保卫工作；而另一种就是秘密警察的工作，这也是锦衣卫有别于历朝禁军的独特之处。在朱元璋设立锦衣卫之初，也仅仅是用来充当侍卫，负责仪仗而已，但当他开始对功臣进行大"清洗"的时候，就感觉一般的司法机构如刑部、大理寺、督察院进展缓慢，不能得心应手地达到自己铲除异己的目的，于是，皇帝身边锦衣卫的功能就加强了，成为皇帝的私人密探，主要负责钦定的案件。他们拥有自己的监牢，可自行逮捕、刑讯、处决，不必经过一般司法机构和程序。

吏制改革以后，朱元璋希望通过科举考试公正全面地选拔合适的人才，以改变元末政治腐败、官员素质低下的局面。在总结前朝得失的时候，朱元璋发现元代不重视科举，有许多像刘基这样的知识分子，得不到朝廷的重用，始终郁郁不得志，最后他们中间的很多人反而成为了元末反元的风云人物。朱元璋充分认识到他必须将天下人才都为自己所用，

才能完全巩固大明江山。

洪武三年（1370），全国各省举行乡试，洪武四年（1371）二月，在南京举行会试，录取进士120人。所有录取的进士和举人全部授予了官职。洪武十五年（1382），朱元璋把科举制度作为永久制度确立下来，并颁布了具体的科举考试规则，希望通过科举考试，公正而全面地选拔到合适的人才，使明朝统治得以巩固。

明代县学图

明代科举开始采用了八股文取士的方式，使得科举考试更为规范化，它便于阅卷操作，能够使得取士的标准更为统一，但是八股文过于讲形式，没有内容，文章的每个段落死守在固定的格式里面，连字数都有一定的限制，人们只是按照题目的字义敷衍成文，分为破题、承题、起讲、入手、起股、中股、后股、束股，其弊端也是显而易见的。八股文取士

制度形成之后，许多人穷尽一生之力学习"八股文"，形成一种极不正常的社会心态，一直延续到中国近代。清代吴敬梓所著《儒林外史》对八股文以及八股文取士的众生百态进行了辛辣的讽刺。当然，八股文考试的弊病，不仅仅是文体形式的死板，科举的考查内容仅限于四书经学，局限性的考试内容也是束缚人思想的主要原因。

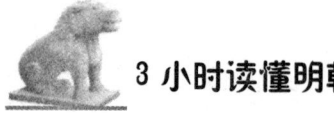

二、靖难之役

朱元璋一生共有 26 个儿子，长子朱标立为太子，为人仁厚，十分重情义。他的老师宋濂是明初大儒，主持编撰了《元史》。虽然朱元璋为人好猜忌，杀死了不少忠臣，但宋濂为人谨慎，总算平安退休，偏偏他的孙子宋慎被牵连进了"胡惟庸案"。太子亲自求情，遭到了朱元璋的拒绝。仁厚善良的朱标见求情不准，自觉无颜面对老师，竟去投水自杀，幸好被人救下。

可惜朱标这样一位让人期待的皇储英年早逝，早在洪武二十五年（1392）病故，年仅 38 岁，史称"懿文太子"。按照嫡长子继承制，朱元璋并没有在其他儿子中选拔储君，而是立朱标之子朱允炆为皇太孙。

朱允炆和朱标一样，性情十分柔弱。据说有一次朱元璋和众皇子皇孙一道游园，明太祖见微风吹动辇驾骏马的尾巴，心中一动，脱口吟出一个上联："风吹马尾千条线。"让儿孙们应对，朱允炆对的下联是"雨打羊毛一片毡"。明太祖一听不禁暗自皱紧了眉毛，脸色一沉。旁边的朱棣说道："儿臣也有一下联。"明太祖叫他说来听听。朱棣说道："日照龙鳞万点金。"明太祖一听，觉得朱棣的下联不仅工整，而且符合帝王之家的气魄，不由得大为赞赏。

朱允炆虽然年幼软弱，但并非昏庸无能，其实他对局面的认识相当清醒。一天，朱元璋得意地握住朱允炆的手，笑着说："我已把可能威胁你

帝位的大臣们都杀了，而且你的叔叔们也在四方给你戍边（明初采用的是分封制，朱元璋的儿子在各地封王），一旦有什么叛乱，他们就会勤王的，大明江山永固，你的皇位高枕无忧了。"朱允炆反问道："如果叔叔们造反，那该怎么办呢？"朱元璋顿时语塞，只好反问道："你看怎么办呢？"朱允炆说："以德怀之，以礼制之。"意思就是说要用君主的厚待和仁德来安抚，用礼法来对他们加以约束。朱元璋这才比较放心。

洪武三十一年（1398），朱元璋去世，享年71岁。朱允炆即位，是为建文帝。同时，身居北平的燕王朱棣，正日日窥视着皇位。朱氏皇族内部一场争权夺势的血战即将开始。

朱棣自幼聪明伶俐，10岁即被封为燕王，后随岳父徐达从军多年，不仅武艺高超，而且有谋略，在讨伐蒙古的战役中多次立功，位高权重，威名远扬。太子朱标死后，明太祖有意立朱棣为储君，大臣们认为会引起皇子们的纷争，就劝阻了这一想法。朱棣心中难以平衡，更滋长了他夺取皇位的野心。

明帝朱允炆对藩王叔叔们的权力过大一直忧心忡忡，即位后听从了大臣齐泰、黄子澄的建议，先将势力较小的藩王铲除，于是就将周、齐、湘、代、岷五王削去王爵，降为平民。可这样一来未免打草惊蛇，

朱棣像

使王族内部矛盾激化。建文帝暗中派人监视朱棣，朱棣觉得与其束手就擒，不如举兵造反，于是杀了监视他的密探。建文元年(1399)七月五日，朱棣打着"清君侧"的旗号，说要起兵诛杀皇帝身边齐泰、黄子澄等坏

人。历史上著名的"靖难之役"爆发了。

朱棣先以闪电之势扫平了北平四周的怀柔、密云、蓟州、遵化等州县,抢占了各个军事要塞,解除后顾之忧,以逸待劳,从容对付朝廷的军队。这时朝中能征善战的将领早被朱元璋杀得差不多了,朝廷在无将可用的局面下只好起用年近古稀的耿炳文挂帅,率军30万北伐。建文元年(1399)八月,燕王在中秋节当晚连夜奔袭了朝廷军队(南军)先头部队,随即又在滹沱河大胜南军主力。建文帝只好听从黄子澄的意见,拜李景隆为大将军,取代耿炳文继续作战。

李景隆是个不学无术的膏粱子弟,根本不会带兵。朱棣故意不在卢沟桥设防,诱敌深入,让儿子朱高炽固守北平,而独自领兵奔向永平大宁,逼宁王交出精锐部队。无能的李景隆一听朱棣率军去了永平,当即率师直攻北平城下,此时朱高炽已在北平城内严密布防。李景隆不懂军法,指挥失当,几次攻城无果。都督瞿能是南军中少有的将才,他带千余骑,杀到了张掖门,但李景隆贪功,要瞿能等大部队总攻。

没落的南京

不料战机转瞬即逝,燕军连夜在城墙上泼水,水结成厚冰。第二天,南军已经无法攀城进攻了。这时朱棣已得胜回师,内外夹攻,南军大败,李景隆连夜逃到德州,整个队伍全部溃散。

建文帝被身边大臣的花言巧语所蒙蔽,反而嘉奖了打败仗的李景隆。不久,李景隆在各地征调了60万大军,但很快又被燕军大败于白沟河,南军将士被杀死的有十几万人。建文帝对一败再败的李景隆忍无可忍，以盛庸代替了他的大将军职务。

但是局面已无法扭转，燕军势如破竹，步步逼近南京。建文四年（1402）六月初三，朱棣部队开始渡江，南岸的守兵全线崩溃。建文帝派人议和，朱棣根本不予理睬，大军直压南京城下。十三日，负责守卫金川门的李景隆开门投降，燕王终于进入南京。文武百官跪迎路旁，建文帝已不知去向。有人说建文帝在宫中自焚；又有人说建文帝由地道逃走，出家为僧；更有人说他泛舟东海，流亡海外。建文帝的真正下落无从考究，成为悬案。同年，燕王朱棣在群臣的拥戴下即位，是为明成祖，年号永乐。

三、成祖功绩

"靖难之役"后,朱棣终于成为了明朝第三位皇帝。最初几年,全国局势严峻,人心不稳,朱棣以他独特的政治手腕,以镇压和怀柔双管齐下的政策,在严厉打击怀有反抗之心的前朝大臣的同时,也对跟随他在"靖难"夺位中立下功劳的文臣武将,给予充分的优待,追封战死的将士。对能真心归附的前朝大臣,也都给予量才施用。当然朱棣很清楚自己是藩王起兵夺取皇权,深知藩王拥兵过重对中央的威胁。最初,他为

明朝永乐十八年建天坛

稳定局势，还是恢复了周、齐、代、岷四位亲王的封号，但很快又找了些借口，逼他们把兵权上交。

为了进一步加强中央集权统治，并能更加有效地抵御外寇入侵，朱棣深思熟虑后，决定迁都北平。北平是朱棣发家的地方，势力根深蒂固，而且附近城市就屯有重兵。天子居中坐镇，内忧外患都不足为虑。

永乐四年(1406)，开始修建北京宫殿，改造北平城。至永乐十九年(1421)春，正式迁都。首都南京为留都，并称南北两直隶。成祖在位期间政通人和，社会得到了很大发展。以下列举其几项政绩加以说明。

永乐大钟

永乐大钟有着580年历史，是明成祖朱棣下令铸造的。

在我国古代，钟被分为两类：一类是用于雅乐的编钟，另一类是用于钟楼和寺庙的圆形钟。钟是我国古代权力的一种象征，明朝时它的制作工艺也被发展到了世界之最，铸造大钟的技艺更堪称一绝，而永乐大钟正是我国古代铸钟工艺的巅峰之作。它被后人称为世之瑰宝、国之重器。

它高6.75米，重46.5吨，最大直径3.3米。经测量，钟腰最薄处为94毫米，钟唇最厚处为185毫米。钟体上下遍布了23万字的佛经

永乐大钟

3 小时读懂明朝

永乐大钟寺

铭文,造型精美,形体宏伟,在历经了580多年风风雨雨之后,大钟依然保存完好,没有任何锈蚀,至今仍音响圆润宏亮,延绵不绝,仅余音就可持续3分钟之久,远在四五公里之外都清晰可辨。

永乐大钟铸造于永乐十八年(1420)前后。当时明成祖朱棣下令把都城从南京迁往北京,为此,他命人修紫禁城、建天坛、铸造永乐大钟。紫禁城供皇帝的饮食起居和处理朝政,天坛则用于祭祀,而铸造大钟是出于什么目的呢?中国历史上曾有过秦始皇统一六国,收缴天下兵器,铸成了六口朝钟来庆贺秦朝建立的说法。那么,铸造永乐大钟是不是也是用来庆贺的呢?事实上并不是这样,据后人推测,明成祖朱棣对抢夺了自己侄儿建文帝的江山始终心有不安,于是,他就派了自己的两个心腹,太监郑和与和尚道衍分头行事,希望能够得到舆论的支持。于是郑和七下西洋,让南洋诸国无不臣服于大明,而道衍则奉命铸造永乐大钟,想通过铸佛钟来超度死去将士的亡灵,并假借佛祖之名为自己篡位找到合理的解释。

因为此次铸钟是永乐帝推行佛教治国的象征,非能力超凡之人不能胜任。接旨后的道衍,深感责任重大,他立即开始广招天下能工巧匠,商议如何铸造这口举世无双的大钟。工匠们经过反复试验,决定

采用地坑陶范法铸造。首先在地上挖出深坑,制作钟模。然后,几十座铜炉的铜水一起浇铸,大钟一次铸成,这样一来才能音质优美,而且钟身铸满了阳文楷书、佛教经咒22万7千多字,字体工整、坚实,相传全部为明代书法家沈度的手书。

自此,每当重大法事,必击钟10余下。永乐大钟,以悠久的历史、精湛的铸造工艺、一流的声学特性,代表着我国古代在冶炼铸造、声学等方面的技术已有极高的成就,被称为"钟王"。其上铸就的灿烂辉煌的书法艺术和佛教文化,更是驰名中外,为无数学者专家所关注。

修编《永乐大典》

明成祖尚武,依靠武力夺取了侄儿的江山,之后又热衷于兴兵北伐蒙古,一生战功赫赫,但他同样也十分注重文治,弘扬学术。永乐元年(1403),明成祖刚刚登上帝位,就命才子解缙将天下书籍合编为一书。

解缙深知这个任务意义重大。他根据原藏在南京文渊阁,自五代十国一直到明初500多年来累积收藏的"中秘藏书",按照经、史、

《永乐大典》

子、集、百家、天文、地理、阴阳、医卜、僧道、技艺的顺序整理，合并为一书，在永乐二年（1404）十一月呈献给明成祖。明成祖看了很高兴，赐书名为《文献大成》。对这些成祖并不满足，他想将天下书籍整理合成，就加派姚广孝为监修，又命王景、湖俨等人为总裁，协助解缙编书，并诏告天下，让所有的学者都来参与编辑工作，再命国子监及外郡生员担任缮写工作，总共动用了两千多人来进行这项前无古人的修订工作。不眠不休赶了3年，到永乐五年（1407），终于大功告成。全书共有二万二千九百三十七卷，共装成一万一千零九十五大册，命名为《永乐大典》。

全书按《洪武正韵》的韵目编排，以韵统字，以字系事。举凡天文、地理、人伦、国统、道德、政治制度、名物、奇闻异见以及日、月、星、雨、风、云、霜、露、山海、江河等均随字收载。全书分门别类，手录了先秦至明初的8000余种古书资料。书籍一旦选定，不许再做任意删节涂改，必须按原书一字不差地整部、整编、整段分类编入。这种方法保存了明代以前大量的哲学、历史、地理、语言、文学、艺术、宗教、科学技术等方面丰富而宝贵的资料。该书编成后，即珍藏在南京的文渊阁，永乐迁都后，又移至北京，很少利用。

有人说明朝的《永乐大典》是中国空前的百科全书，其实不太恰当。百科全书是一种包括各种知识，分门别类，依一定的顺序排列，用简明文字记载的书籍，但是《永乐大典》讲到某一类别，就必须要将所涉及的书籍及全部内容编入。从这个意义上讲，《永乐大典》是一个完备的书库，而并非是某种工具书。

郑和七下西洋

16世纪航海家哥伦布发现北美洲后，人类历史迎来了地理大发现的时代，一块块的未知地域被人发现：南美洲、非洲、澳洲及南极洲……这一时期被称作大航海时代，冒险家带着他们的梦想用自己的智慧、知

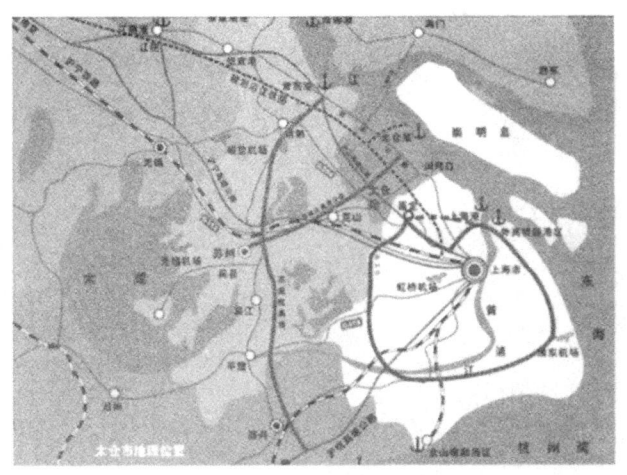

郑和七下西洋路线图

识、能力甚至生命去换取一个个地图上的新地名和那无可比拟的光荣。而早在哥伦布发现新大陆的100多年前，明朝永乐三年(1405)，明成祖手下的宦官郑和就已经开始了伟大的航海之旅。郑和，原姓马，小名三宝，云南昆明人，生于1371年，1382年家乡发生战乱受到了牵连，被明军掳进宫中当了宦官，后又来到燕王府，成为朱棣身边的侍卫。

印度洋沿岸各国大都信仰伊斯兰教，南亚各国家则信仰佛教，由于郑和信奉伊斯兰教，懂航海，又担任内宫大太监，所以明成祖就任命他担任正使，率船队出海。

郑和七次下西洋航海，自明朝永乐三年(1405)开始，到宣德八年(1433)终结，总共历经28年，这期间大明已经更替了三代皇帝。七下西洋是一个规模庞大的壮举，必须要具备雄厚的经济基础以及发达的造船工艺，但仅仅这些还不够，郑和出海的政治动机，或说涉及的皇室的利益是什么呢，在这一点上一直存在着较大争议。

总结起来，郑和七次下西洋总共有以下几个方面的目的：

首先，是巩固皇权方面。当初南京攻克后建文帝不知去向，有传言说他流亡海外，所以有学者推测，郑和下西洋的主要目的就是搜寻失踪的建文帝。其次，在外交威慑方面。西洋各个小国看到郑和庞大的船队及数万兵士，浩浩荡荡进入其海域，当然心惊胆战，所以"耀武扬威"，

3 小时读懂明朝

明朝的瓷器

也是永乐皇帝派郑和下西洋之主要目的。最后，在经济贸易方面。西洋诸国对明朝出产之陶瓷、丝绸、茶叶都极喜爱，郑和西下之官船也满载着这些货品运往海外。在返程中，郑和官船也会为宫廷买或交换很多香料、染料、宝石、象皮、珍奇异兽等，促进各国之间的通商贸易。

1405年6月，郑和率领2万9千余人驾驶着62艘大海船乘风破浪，由苏州刘家港出发，开始了第一次出使南洋。当时船队里最大的宝船长达100多米，宽有几十米，可容纳千人以上。船上配备着精确的航海图、罗盘针。当时使用的罗盘针分度精确，具备辅助计算的功能，按照一定的方向和度数航行，就可以测出航行的距离。同时这种罗盘针夜间还可以定位星辰，依靠星座位置确定方向，集中体现了中国造船业和航海业的发达和劳动人民的智慧。此次航行于1407年9月满载而归。之后，他又分别于1407年9月至1409年7月、1409年10月至1411年7月、1413年至1415年、1417年5月至1419年8月、1421年2月至1422年8月、1430年6月至1433年7月率船队远航。

28年间，郑和累计航程10万余里，访问了40多个国家和地区，开辟了中国至红海、东非国际航道，是世界航海史上的创举，为16世纪的大航海时代拉开序幕。1405年郑和第一次出海，比后来著名的航海家哥伦布早87年，比达迦马早92年，比麦哲伦到达菲律宾早116年。郑和船队先后到达了越南、柬埔寨、泰国、马来西亚、苏门答腊、爪哇、阿鲁、印度尼西亚、斯里兰卡、马尔代夫、孟加拉、印度、伊朗、红海亚丁、索马里、沙特阿拉伯等国。每到一国，郑和都会表示出大明王朝睦邻友好的诚意，这些国家也都热情地欢迎和接待郑和，不少国家还派出使者随郑和去中国拜见明成祖。郑和七下西洋，开通了一条中国通往东南亚和北印度洋沿岸各国的"海上丝绸之路"。孙中山先生称郑和完成了"中国超前绝后之奇举"。

时至今日，印尼中部、泰国、斯里兰卡等地，还都完好保存着纪念郑和的三保庙、三保塔等遗址。为了纪念郑和开拓南海诸岛的功绩，南沙群岛中的团沙群岛被命名为郑和群岛。郑和于1433年去世，葬于南京牛首山，陵墓下有28级台阶，象征着郑和航海的前后28年历程。

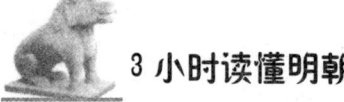

四、仁宣之治

明成祖朱棣尚武，一生御驾亲征无数，后来在永乐二十二年（1424），北征返京的途中病逝。太子朱高炽即帝位，改年号洪熙，是为明仁宗。朱高炽，明成祖的长子，生于洪武十一年（1413），生母是徐达之女徐皇后。洪武时期，朱高炽就立为燕王世子，皇祖朱元璋很欣赏他的儒雅与仁爱。朱高炽身材肥胖，走路十分吃力，只能靠两个内侍搀扶着行动，行动慢慢吞吞，跌跌撞撞。对于生性好武的明成祖来说，相比这个以宽厚仁孝出名的长子，还是觉得次子朱高煦和自己相像，但朱高炽的儿子朱瞻基却文武双全，很得明成祖朱棣喜爱，加上长子继业的传统，所以最终还是让朱高炽成为太子。永乐九年（1411），朱棣再立14岁的朱瞻基为皇太孙，表明了明成祖要把皇位传于朱高炽的决心。事实证明朱棣确实目光如炬，正是他的这个儿子和孙子，开创了明初盛世，史称"仁宣之治"。

洪熙元年（1425），仁宗皇帝病发猝死，终年47岁。尽管明仁宗在位不到一年，但他对大明江山的贡献毋庸置疑。明成祖初期热衷于军事，大部分时间都在北征，朱高炽掌管朝中政务，使自己的政策得到很好推行，已经为"仁宣之治"打下了良好基础。在仁宗驾崩时，当时太子朱瞻基还在南京，皇叔朱高煦打算在朱瞻基奔丧的时候半路截杀，然后自立为帝，但朱瞻基在父亲病重后立即日夜兼程赶到了北京，赢得了先机。

当时朱高煦没有料到朱瞻基会来的如此之早,还没有将埋伏设好。

宣宗朱瞻基即位之后,着手扶植自己的军事力量,准备抵御外藩的挑战。皇叔朱高煦当初在靖难之役中战功赫赫,始终没有放弃武力夺权的野心,现在仁宗病逝,新皇即位,政局未稳,正是天赐良机,于是,他像父亲朱棣一样扯起了"清君侧"的大旗,举兵谋反。

早有防范的宣宗皇帝御驾亲征,声势压倒了叛军,而且朱高煦势力已被暗中瓦解,事先相约共同起兵的几路人马都按兵不动,明军很快就平息了叛军,大势已去的朱高煦只好弃城投降。宣宗展现了仁厚的一面,没杀皇叔朱高煦,仅仅将他软禁了起来。

明宣宗政治开明,任人唯贤,一时间人才济济。朝中文有"三杨"(杨士奇、杨荣、杨溥)、蹇义、夏原吉;武有英国公张辅;地方上又有像于谦、周忱这样可以信赖的官员,再加上爷爷和父亲之前打下的良好基础,使得当时政通人和,百姓安居乐业,经济得到空前的发展,终于迎来了中国历史上继"文景之治"、"贞观之治"、"开元盛世"之后的又一盛世——"仁宣之治"。

"靖难之役"是中国历史上的一次重要政变。朱棣在众兄弟中自小就备受父亲的钟爱,朱元璋也认为朱棣酷似自己。他年轻时就负责北部防御蒙古侵扰的任务,有很高的军事才能,在军中树立了很高威望。朱元璋对儿子们封藩的策略,也导致了割据势力的膨胀。皇太孙朱允炆继位后,面对这位对皇位虎视眈眈的叔叔又能怎么办呢?

皇朝霸业历来只有成王败寇,而没有什么对错。朱棣以臣子的身份谋篡了侄子的皇位,从中国古代道德观念上来看,应该受到历史的谴责。但是从政治角度来讲,朱棣在位期间功勋卓著,进一步加强了中央集权统治,派遣郑和下西洋,拉开了大航海时代的序幕。经济政治中心北移到北京,对加强北方边塞的防守,巩固国家统一等方面都有深远的影响。北京

3 小时读懂明朝

从此定都500多年,从而确立了北京成为全国的经济政治和文化中心的地位。这次政变对中国历史的推动作用是显而易见的。

相关链接

朱棣小传

明成祖朱棣,生于元至正二十年(1360),死于明永乐二十二年(1424),是明太祖朱元璋的第四个儿子,生母是孝慈高皇后,另一说法说他是朝鲜进贡的妃子所生。

朱棣11岁封为燕王,封地北平。建文元年(1399),朱棣以"清君侧"为名起兵"靖难",四年攻破京师(今江苏南京),并夺取帝位,改年号永乐,立妃徐氏为皇后。永乐四年(1406)决定营建北京宫殿,准备迁都北京。永乐七年(1409)派亦失哈等设置奴儿干都司,管辖今黑龙江、精奇里江、乌苏里江、松花江流域和库页岛等地。永乐十八年(1420)北京宫殿建成。永乐十九年(1421)正式迁都北京,以南京作为留都。永乐皇帝朱棣是紫禁城里的第一个皇帝,也是明代一位比较有作为的皇帝。他在位22年,在明代政治、军事、文化、外交等方面颇多作为,取得了一定的成就。为防止类似"靖难"事件再度发生,他解除了藩王兵权,甚至杀害了好几位藩王。巩固中央集权,重用宦官,设置东厂,加强了中央的情报控制,但也造成了宦官干政的先例。他多次派兵打击蒙古贵族的势力,巩固北部边疆。曾派郑和出使南洋等地,远到东非,使中国与亚非各国在经济、文化上的交流得到促进,来到明朝并进贡的国家多达30多个。他曾命解缙学士等编纂《永乐大典》,以保存大量古代文化典籍。永

乐二十二年(1424)出征北疆,七月卒于征途榆木川,后尊谥体天弘道高明广运圣武神功纯仁至孝文皇帝,庙号太宗,葬于北京昌平明长陵。嘉靖十七年(1538)九月,改上尊谥曰启天弘道高明肇运圣武神功纯仁至孝文皇帝,庙号成祖。

郑和小传

郑和,原姓马,小名三保,云南昆阳(今昆明市晋宁县)人,约于1371年出生。由于信仰伊斯兰教的原因,他的父亲与祖父都朝拜过伊斯兰教圣地麦加,了解异域生活,精通航海。在明朝统一云南之战中,郑和被作为俘虏带到南京,受宫刑成了宦官,后分配到北平燕王府中服役。

郑和学习刻苦、勤劳谨慎,很快赢得了燕王朱棣的信任,成为燕王的贴身侍卫。这时郑和的才干和领袖气质开始逐渐展现,在"靖难之役"中,郑和随朱棣出生入死,立下了赫赫战功,成为朱棣夺取帝位的重要功臣。朱棣登基后,对跟随自己的文臣武将加以提升重用。朱棣赐"郑"姓与郑和,升为内官监太监,因为他小名"三保",所以人们也称他为"三保太监"。

郑和能成就辉煌的航海事业有得天独厚的机遇和自身良好的条件。早年积累的航海知识、宗教知识,加上郑和对南洋诸国的风土人情有很深的了解,而作为朱棣的亲信与随从,也让皇家可以信任和依靠,这就促使朝廷在寻找下西洋的最佳人选时,首先就想到了郑和。郑和的能力才智,在内侍当中无人可比,无疑是领航远洋的最佳人选。

在明成祖朱棣登基之初,郑和就开始策划和安排航海事业。经过刻苦学习和早期的航海实践,郑和能熟练分析和运用航海图,并掌握了当时最

3 小时读懂明朝

先进的天文地理、海洋科学、船舶驾驶与修理等知识技术。从明永乐三年(1405)至宣德八年(1433)的28年时间里,郑和率领庞大船队先后七次航海,经东南亚、印度洋远航亚非地区,最远曾到达红海和非洲东海岸,其足迹遍及沿岸的亚非30多个国家和地区。七下西洋的规模之大、人数之多、组织之严密、航海技术之先进、航程之长,不仅显示了明朝国家的强大,也充分展示了郑和丰富的知识和统帅千军的才干。

荒唐皇帝荒唐事，误国误民不自知。

第三章
中期的衰弱与危机

一、土木堡之变

宣宗皇帝朱瞻基可以说是一位称职的皇帝，在他的统治下，大明江山得以巩固，历史学家称他为太平天子，是历史上著名的守成之君。但是，他特别热衷于斗蟋蟀，曾让各地官吏每年采办上等蟋蟀进贡，大臣为讨好皇帝，下级为讨好上级，结果任务很快变本加厉，一级级加重，给百姓造成沉重的经济负担，朱瞻基也被后人称为"蟋蟀天子"。清代的文学家蒲松龄所著《聊斋志异》中的"促织"一篇，就是以此为背景的。

宣德十年(1435)正月初三，明宣宗朱瞻基染上不明之症，撒手人寰，终年38岁，在位还不到10个年头。大学士杨士奇、杨荣等拥立他的儿子朱祁镇为帝，即为英宗。朱祁镇是宣宗皇帝的长子，他奇特的身世就注定了其一生将充满传奇色彩。

宣宗皇帝得子一直艰难，正宫胡皇后举止得体，贤良温顺，是一位不可多得的好皇后，但她没能

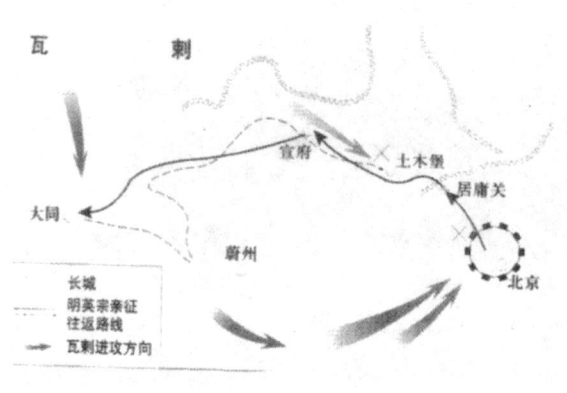

土木堡之变双方进兵路线图

为宣宗生下一个皇子，最受宠爱的孙贵妃也没能生子。孙贵妃千方百计想挤掉胡皇后而自立。一天，宫里传出了有位宫女受皇帝临幸后有了身孕的消息，她立即派人把宫女藏了起来，然后买通御医，对宣宗称已有了身孕，并伪装出许多怀孕的假象。等那宫女生下一子后，孙贵妃马上派人抢来孩子，将宫女杀人灭口，再派人通知宣宗，自己躺在床上也装出产后虚弱的样子。孙贵妃就依靠着这个小男婴成为了孙皇后，而这个宫女生下的小孩就是日后的明英宗朱祁镇。

当时有杨士奇、杨荣、杨溥等老臣依然在朝中发挥重大作用，使仁宣时期较好的政治状况得以延续，"海内富庶，朝野清晏"，"纲纪未弛"。明英宗年纪幼小，十分贪玩，觉得几个大臣每天都是板着脸严肃地监督自己，就觉得十分无聊，只有自己的伴读太监王振懂得自己的心意。

在封建社会里，宦官干预朝政，引起国家混乱的教训比比皆是。明太祖在位的时候就曾立下规矩，不允许宦官参与国家政事。他把这条规矩刻在大铁牌上，悬挂在宫中，作为他的子孙要世世代代遵守的祖训。到明成祖时就把这条规矩废除了，通过"靖难之役"夺取侄子皇位的朱棣，精神一直高度紧张，建文帝未死的流言四起，朝廷中的很多大臣对他并不十分支持，为了巩固政权，朱棣需要一个强有力的情报机构。虽然锦衣卫也能行使这个职能，但是在朱棣心目中，还是觉得身边的宦官们比较可靠，毕竟在起兵的过程中，以郑和为首的一些太监出过大力，而且他们就在自己身边，便于自己得到最新情报。自迁都北京以后，他在东安门外设立"东厂"，刺探大臣和百姓，看看其中是否有人图谋不轨。他让亲信太监做东厂厂主，于是宦官们权力日渐强大，又重新登上了政治舞台。

侍奉明英宗读书的太监王振原本是进士出身，因罪株连才受了宫刑进宫当差。王振善于迎合小皇帝的心理，每天想出许多花样供幼帝玩耍，不久就升任为司礼监太监。这时王振开始飞扬跋扈起来，并且开始干预朝政。正统二年（1437），孙太后决定要诛杀王振，在英宗的苦苦哀求下才饶了他一命。此后，王振虽然收敛了许多，但太皇太后及"三杨"不久相继离开了人世，朝中再无人能压制王振，于是，王振开创了宦官把持朝纲之先例。

元朝灭亡后，北方蒙古部落内部陷入混乱状态，分裂为鞑靼、瓦剌和兀良哈三大部落。各部落之间互相征伐，混战不断。明朝政府对蒙古各部落采取怀柔和防御并用的政策，封其各部落大小首领以各种官职。在明英宗时期，以瓦剌部落的势力最为强大，他们经常在明朝的边境进行挑衅活动。瓦剌部落太师也先经

明代将官甲胄

常派使臣向朝廷进贡，骗取赏赐。明朝历来注重外交关系，对进贡使者，不管贡品好坏，总要赐予非常丰厚的犒赏，而且是来多少人就发多少人。瓦剌部落看中了这一点，正统十四年（1449）春二月，瓦剌也先派出使者2000人进贡马匹，却冒称3000人。

王振本来暗中勾结瓦剌倒卖马匹，来往密切，一见对方有欺诈行为，就下令减其马价，想从中捞取好处，结果导致双方失和。其实瓦剌名为进贡，主要还是侦察，探听明廷的虚实。太师也先还曾提过与明廷皇室通婚。出于敷衍的目的，王振也私下擅自答应，而朝廷根本不同意，回复瓦剌的诏书中没有允许通婚的意思。瓦剌觉得受到了愚弄，双方仇怨加深。

王振见瓦剌不肯就范，就取消了赏赐，瓦剌便以此为名发动对明朝的战争。明英宗年少，不知天高地厚，想御驾亲征。王振本人也曾经是

进士出身，也想名留青史，于是就力劝皇帝御驾亲征。21岁的英宗对军事和王振一样一窍不通，对战争只有浪漫的想法，希望能有机会成就二祖那样的事业。当时明朝的主力部队都在外作战，根本无法调回，朝中大臣们都力劝英宗不要亲征，但英宗根本听不进去，而且王振又大权独揽，根本不理会朝臣的意见，于是从北平附近东拼西凑了50万大军，正统十四年（1449）七月十七日，英宗偕王振统领大军，浩浩荡荡地出发了。

当时天降大雨，关于出师不祥的谣言四起，军心涣散，加之粮饷接济不上，士兵饥寒交迫，一路皆有饿死者，士气非常低落。前方战败的消息不断传来，毫无作战经验的王振不知所措。看到被瓦剌杀害的明军尸横遍野，英宗和王振开始害怕起来，下令撤军。王振是蔚州人，离大军驻扎的大同不远，于是，王振请求英宗给他衣锦还乡的机会，让大军绕道蔚州撤退。尽管王振的提议立即遭到所有人的反对，认为这样会耽误撤退的时机，但是有英宗做后台的王振根本就肆无忌惮，于是大军退向蔚州方向。这时王振突然变卦，原因是担心大军经过会踩坏家乡的庄稼，那么自己反而会背上骂名，于是又开始按原路撤军，宝贵的时间就这样浪费在毫无意义的举动上。大军快撤到怀来时，由于补给跟不上，王振命令原地驻扎等待。

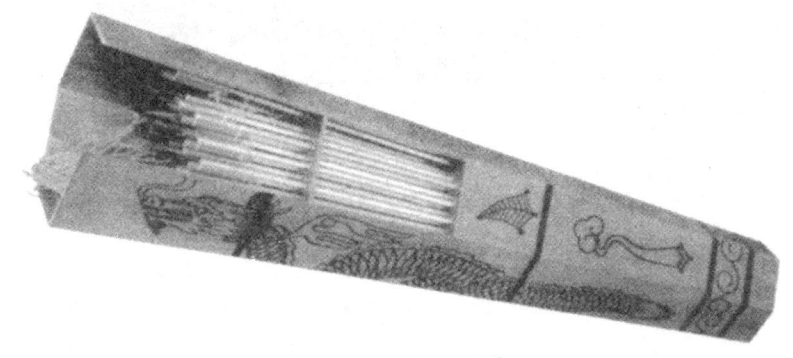

明·蜂窝箭

3 小时读懂明朝

如果当时英宗能及时进驻怀来，瓦剌军也只能一筹莫展，但大军偏偏又在距离怀来城仅 20 里的土木堡停顿了一天一夜，最终被瓦剌军赶上并包围。明军的水源被切断了，困于死地。也先假意议和，趁明军防备松弛，发动总攻。蒙古铁骑冲破战阵掩杀过来，明军相互践踏，死者漫山遍野，根本无力组织抵抗，很快就全军覆没。英国公张辅，尚书邝野、王佐，学士曹鼐、张益等人全部战死。王振本人及兄弟王林也战死于乱军之中。随从皇帝的大臣中，只有肖惟祯、杨善等几个人逃了出来。20 余万大军全军覆没，大量器械、粮草等辎重被全部缴获，英宗被俘，这就是著名的土木堡之变。英宗就这样开始了一年的俘虏生活。

英宗被俘图

二、北京保卫战

50万大军在土木堡全军覆没的消息传到北京,京城里一片恐慌,百官集于朝堂之下,散朝了还不肯走。太后和皇后急得哭哭啼啼,搜罗大量金银珍宝、绫罗绸缎,想以重金把英宗赎回来,却遭到瓦剌军的拒绝。

人们私相传说,谣言不断,陆续又有战败的兵卒带着累累创伤回到京城,百姓们不知道皇帝下落怎样,目前京城防务空虚,瓦剌军来了怎么抵挡呢?

为了安定人心,太后下诏,立英宗两岁的儿子朱见深为皇太子,指定英宗之弟朱祁钰辅佐太子,任监国。朱祁钰召集大臣,商量如何应敌。大臣们七嘴八舌,有人主张南迁,有人反对。大臣徐有贞说:"瓦剌兵强马壮,我军恐怕是难以招架,而且我夜观天象有变,恐怕京城将要遭劫,不如先撤到南方,暂时避开敌人的锋芒。"

正在两难之际,一人挺身而出,声如洪钟:"说要南迁的,应该立即拉出去斩了。京师是天下根本,一动则大势去矣,难道大家忘了南宋是如何灭亡的吗!"此人正是尚书邝野出征后代理兵部事务的兵部侍郎于谦。于谦的主张义正辞严,得到许多大臣的支持,说得徐有贞等人哑口无言,于是就由于谦负责指挥军民守城。他一面调兵遣将,从各地调来京城和附近关口的防御兵力,一面肃清内乱,逮捕了不少瓦剌奸细。

大臣们纷纷要求向天下昭示王振的罪状,要求抄灭王振的族后,这

样才能安定人心。朱祁钰毕竟不是皇帝，也不敢擅自做主，大臣们不肯散朝，不依不饶。宦官马顺平常也和王振勾结，他见大臣们不肯退朝，喝令驱散大臣。结果一下激起众怒，被众人揪出痛打，当场活活打死。朝廷上吵吵嚷嚷，乱成一团，大殿里成了斗殴场。朱祁钰脸色很难看，想躲进内宫，于谦拦住他说："王振是罪魁祸首，不惩办众怒难消。大臣们只是为了社稷着想啊。"朱祁钰听了于谦的话，下定了决心将王振抄家，惩办了王振的同党，果然人心渐渐安定下来。

为了避免瓦剌军以明英宗为人质，过分要挟朝廷。于谦等大臣请太后正式宣立朱祁钰为帝，明英宗改称太上皇。正统十四年（1449）九月初六，朱祁钰即位称帝，这就是明代宗（又称景帝），改年号景泰。

瓦剌一方也知道孤军深入，不宜久留，就以送明英宗回朝为借口，开始进攻北京，很快就打到北京城下，在西直门外扎下营寨。众臣在主战主守上，意见不一。主将石亨主张京城九门全部关闭，坚壁不出，以避敌锋锐。于谦说："如果再向敌人示弱，敌人会更加轻视我们。"他亲穿战袍，身披铠甲，扎营于德胜门，表示身先士卒，决一死战的决心。全军士气高昂，万众一心，誓保京城不失。此时，各地方部队接到朝廷的命令，也都开始支援北京，城外的部队达到22万人。

瓦剌发动几次进攻，被明军奋勇阻击。百姓们也配合明军进行战斗，军民一心，经过五天的激战，瓦剌军死伤惨重。

瓦剌军受到重创，怕退路被截断陷入包围之中，匆忙撤退。于谦等明英宗去远了，就用火炮轰击，又炸死了敌军数百人。北京保卫战，

于谦像

箭楼——建于明正统四年

大获全胜。君臣上下同心,扫除了英宗统治时期政治、军事上的积弊。景帝信任于谦,于谦也不辱君命,抵御外敌,使中原免遭涂炭,功不可没。

瓦剌失败后,觉得扣留明英宗也没有好处,就把明英宗释放,以缓和双方矛盾。英宗回到北京,没受到什么礼遇,被景帝软禁起来,开始了他7年的软禁生活。

景泰八年(1457),明代宗身患重病,徐有贞、石亨与宦官相互勾结,带兵私闯皇宫,拥立被软禁的明英宗朱祁镇复位。这就是震惊华夏的"夺门之变"。一个月之后,明代宗重病身亡。

明英宗复位后,徐有贞、石亨对于谦本来就心中不满,加上在英宗被俘流亡期间,于谦帮朱祁钰继承称帝,英宗心里对于谦本也有疑虑,就给于谦定下"谋反"之罪,把他杀害了。但人们始终都不会忘记拯救大明江山于危难的功臣,正如他的《咏石灰》所写的:"千锤百凿出深山,烈火焚烧若等闲。粉身碎骨浑不怕,要留清白在人间!"

三、国力渐衰

英宗的皇位失而复得之后,虽然杀害了忠良于谦,但总体上政治比起原来要清明得多,他任用了李贤、王翱等贤臣,先后平定了石、曹之乱,社会稳步发展。英宗不像以前那样任性胡闹,政事处理比较得当。他释放了从永乐朝就开始被囚禁的建文帝之子,恢复宣德朝胡皇后的称号,下旨废除帝王死后嫔妃殉葬的陋习。天顺八年(1464)正月,明英宗病逝,享年38岁。

明英宗之后的两位皇帝——明宪宗、明孝宗父子俩,从经历和嗜好上都有相似之处,总结起来他们有三大共同特点,那就是童年坎坷,用情专一,信奉佛道。先说明宪宗朱见深,当年土木堡之变后,两岁的朱见深就被孙太后立为东宫太子,但很快他的叔叔朱祁钰即位,这就是明代宗(称景帝)。政局的逐渐稳定,使景帝的儿子朱见济就取而代之成为东宫太子。但朱见深好像注定了是九五之命,被立为太子的朱见济很快夭折了,几年后又发生了著名的"夺门之变",随着父亲夺回了皇位,他也重新被立为太子。

宪宗即位时朝中还有李贤、彭时、商辂等当时的一代贤臣,朝政还算清明,当然这仅仅是昙花一现。宪宗皇帝首先为于谦昭雪,在朝野之中赢得了一片赞许之声。随后他以德报怨,没计较景泰帝曾废掉他的太子之位,恢复了景泰帝的帝号,并且对景泰帝的陵墓加以修缮。由于名相的辅佐，加之上述的一系列措施，宪宗在即位之后，以明君的姿态出现在世人面前。

宪宗皇帝的一生挚爱是一个比他大19岁的宫女，而且至死不渝，后来，这位姓万的宫女被立为万贵妃。在此之前，明朝各代皇后都以贤德著称，如朱元璋之妻马皇后、朱棣之妻徐皇后等，把后宫治理得井井有条，一直都平安无事，但由于宪宗皇帝对万贵妃的专宠到了无以复加的地步，明朝第一个外戚乱政的局面开始了。外戚在万贵妃的庇护下到处大肆搜刮，而且很多官吏也通过贿赂巴结万贵妃而得到提升，太监汪直就是靠万贵妃才官运亨通的。成化十三年（1477），宪宗皇帝设立了著名的特务机构"西厂"，是明朝厂卫制度的顶峰，而汪直就掌握着西厂的实际指挥权。汪直也凭借特务机构不断排除异己，树立亲信，朝廷被他搞得乌烟瘴气。物极必反，汪直极度膨胀的权力引起皇帝的不满，在其后的权力角逐中，汪直很快失败，被调往南京，昙花一现的西厂也随之解散。几年以后，汪直在失意中死去。

玩弄权术的汪直倒台之后，局面刚刚有所稳定，宪宗皇帝又开始信奉佛道，于是，许多无赖、骗子都装扮成得道之士混进宫中。而朝廷大臣也腐败至极，他们不但不制止皇帝荒唐的行为，还为取悦宪宗经常以房中术进献，此时政治之混乱前所未有。

万贵妃专宠霸道，横行后宫。正宫娘娘皇后吴氏，因为得罪了万贵妃被打入了冷宫，新皇后王氏低声下气才保住了皇后的位子。万贵妃的亲生子幼年夭折，为避免失宠，她严格控制被皇帝临幸的宫女，一旦宫女怀孕，不是打胎，就是赐死，差点断了宪宗皇帝的子嗣。好在有个姓纪的宫女在太监的帮助下，悄悄生下一子，就是明孝宗朱祐樘。

明孝宗的童年多灾多难，始终笼罩在万贵妃的阴影下。他到6岁才与亲生父亲宪宗相见。由于宪宗皇帝没有其他子嗣，他马上就被册立为太子，正位东宫。万贵妃自然不肯善罢甘休，一找到机会就劝说宪宗废掉太子，宪宗对万贵妃言听计从，而大臣们则极力反对。就在君臣双方

在立废问题上纠缠不休的时候,恰好泰山地区发生地震,古人认为泰山是太子的象征,群臣认为这是上天的警示。本来笃信佛教的宪宗也害怕起来,朱祐樘的太子之位这才稳定下来。

成化二十三年(1487),万贵妃暴病而死,宪宗皇帝悲伤过度,很快离开人世。他留下的江山已是千疮百孔,民生凋敝。

朱祐樘即位后改年号为弘治,马上大刀阔斧地开始改革弊政,清除了许多成化年间冒充法师混进宫的骗子,整顿了吏制,把成化朝通过贿赂、溜须拍马发迹的官员全部撤职,重新任用了不少在成化年间由于直谏被贬的官吏,如王恕、怀恩、马文升等人,使朝廷内外上上下下都是一派崭新的气象。

孝宗在初期执政的时候,对自己的要求很严格,每天早朝必到,而且又重新设立了午朝,让大臣们有更多的时间协助自己处理政务。为了向群臣咨询治国之道,在早朝与午朝之余的时间,弘治皇帝还开辟了文华殿议政,与内阁共同商议政事。孝宗的努力勤政很快就有了成效,政治清明,百姓安居乐业,出现了明朝历史上的"弘治中兴"局面。

可惜好景不长,"弘治中兴"更像是明王朝病入膏肓前的回光返照,孝宗统治中期以后,许多陈旧的弊病又开始发作。多难的童年使孝宗的身体一直不好,于是,孝宗逐渐走上了父亲的老路,开始迷信佛道方术。其中,有一个叫李广的太监借机巴结,成了皇帝身边最受宠信之人。李广权倾一时,尊贵无比,他的私宅修得非常宏伟,还擅引御河水(由玉泉山流出的水均称御河水)为渠,绕府一周,还在府侧水道上,修建了一座桥,叫李广桥。

李广得皇帝恩宠,但却被太后所厌恶。弘治十一年(1498),李广根据风水推算,请孝宗在煤山建亭。亭子刚建好,幼公主就意外死亡。太后大怒,认为李广建亭犯忌,导致幼公主之死,李广闻讯后畏罪自杀。

孝宗觉得李广精通玄学,家中一定藏有奇书,所以派锦衣卫去抄家,结果没找到"秘籍",只找到了一个账本。孝宗见账本上写着某某文官武

将进黄米、白米几千几百担，大吃一惊，问道："李广食量很大吗，要这么多米？"手下人回答道："账本用的都是暗语，黄米指的是黄金，白米指的是白银。"李广案件虽然震动宫廷，但由于牵连太大，最后不了了之。

孝宗的痴情程度还在他的父亲宪宗之上，他可能是中国历史上唯一实行一夫一妻制的皇帝。他对皇后张氏非常专一，一生都没临幸过其他嫔妃，对张氏一家都非常优待。既然天子如此看重，张家横行霸道，外戚专权也就成为必然，尤其张皇后的两个弟弟十分贪婪，他们仗势欺人，大量兼并土地，使得许多农民无家可归，这也为明朝中后期的农民起义埋下了祸根。他们还非法倒卖官盐，中国封建社会，历代都把盐作为国家垄断产品来支撑国家税收，张氏兄弟的做法，使国库的收入大量流失。弘治皇帝看在皇后的面上从来都不过问。

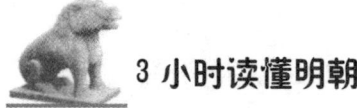

四、武宗乱政

弘治十八年（1505）五月，明孝宗朱祐樘去世。由于孝宗只宠爱张皇后一人，而张皇后为孝宗所生的两个儿子中，次子早夭，长子朱厚照就顺理成章地登上帝位，改年号正德，这就是明武宗。

明武宗 15 岁登位后立即举行大婚典礼，选名门淑女册立为皇后。朝廷一派崭新气象，大家都盼望正德皇帝能继承父亲的中兴大业，有一番作为。哪知小皇帝年轻好动，被一帮太监、佞臣利用，只知胡作非为，最终闹到了不可收拾的地步。

正德皇帝是明孝宗的独子，自小骄傲，不耐烦皇家的种种限制，更把朝中官员的进言，希望他勤政向学的话当作耳边风。小皇帝只喜欢刘瑾等一班太监左右拥戴，每天走马章台，放鹰逐犬。

武宗厌倦了诸多戒律的宫廷，向往市井生活，在他执政的最初几年，还不敢轻易走出皇宫。他令内侍们把货物摊摆设宫中，自己及随行人等装扮成商人模样，一时间皇宫内熙熙攘攘，算盘吆喝声不绝于耳。有的太监还装扮成市政官前来调解贸易争执。武宗在此玩得十分开心，渐渐流连忘返，冷落了后宫。武宗每月涉足东西二宫的时间不过四五天而已。

很快宫中游乐就让皇帝觉得厌倦了。正德二年(1507)，在刘瑾的建议下，武宗在西安门外大兴土木，修筑了一座很特别的宫殿。殿堂两厢并排建造了许多密室，从外望去，殿宇回廊鳞次栉比，就像豹子的花纹一样，所以取名为"豹房"。武宗每日都呆在豹房之中，从不想着要回宫，并把这里称为自己的"新宅"。很快，朝中许多献媚取宠的势利小人聚集于此，其中最无耻的要算锦衣卫都督同知于永。于永是回族人，很快就得到了武宗的赏识，不但白日一起寻欢作乐，而且晚上也同床共寝。于永向武宗大谈回族女子皮肤白皙，美貌丽质，非中原女子所能比拟，武宗果然垂涎欲滴。于永意识到这是讨好圣上的好机会，立即献上十名能歌善舞的回族女子，于是通宵达旦豹房之中歌舞不断。很快武宗传旨，令全国各路诸侯王公搜罗回人妇女，以教授歌舞的名义将她们送进豹房，挑选姿色动人者留在皇帝身边。一时间无数的美貌回人女子齐集豹房，武宗终日在这里无拘无束地恣意享乐，这实在比宫廷中枯燥无味的生活更让武宗满足。一天，武宗忽然听说于永的女儿素有艳丽之名，马上下令让于永将女儿带进豹房来一见。于永万万没有想到搬起石头砸到自己的脚上，马上把女儿藏匿起来，又找来乡中一个姓白的女子打扮一番送入宫中，没想到武宗居然对白氏女子十分宠爱。于永虽然蒙混过关，但害怕有朝一日欺君之罪败露，于是谎称饮酒导致中风偏瘫，希望回乡安度余生。被蒙在鼓里的武宗还难以割舍于永这样的弄臣，最后让于永的儿子承袭父亲的功名。

武宗喜好声色，每天张灯结彩，若是到了喜庆节日，宫中更要灯火通明，五光十色，花样翻新。每年皇家府库内的黄蜡都供给不上，仅这一项开支居然就达到了黄金数十万。宁王朱宸濠了解皇帝的脾性，更是投其所好，召集能工巧匠，赶制了四时花灯数百盏。花灯穷极奇巧，令人目不暇接，武宗大喜，连忙命人点燃花灯张挂。武宗率亲信徜徉灯海，竟夜遨游。

正德九年（1514）正月，由于花灯失火，乾清宫被烧个精光。大火燃起之时，皇帝恰好在从豹房归来的途中，见火焰把夜空照得通亮，高兴地说："好大一场火呀！"反而觉得十分有趣，没有丝毫反省、惜物之意。

其实宁王朱宸濠早有谋反之心，见花灯失火没能烧死武宗，便起兵造反。恰好武宗正苦于没有新花样供自己娱乐，于是立即御驾亲征来感受一下领兵打仗的滋味，亲率军兵去征讨宁王。一路上武宗让太监吴经作为前哨，在民间选取少女和寡妇，先由吴经秘密侦察出有寡妇和少女的人家，半夜武宗亲自领官兵径直闯进白天打探好的百姓家中，将妇人掠走，如有胆敢匿藏的，破墙毁壁也要搜出来才行，被盯上的妇女没一个能逃脱。武宗每到一地都搞得哭声惊天动地，怨声载道。

武宗乱政，民不聊生。各地农民起义不断，朝廷纠集军队开始对其全面镇压。一天武宗阅读战报，其中说大同将领江彬身中一箭，拔出箭却不以为意，尽管血流如注却继续参战。武宗生性好武，读到这里不禁拍案称赞，马上宣召江彬进殿进行奖励。一见面发现江彬身躯高大，勇武有力，觉得自己遇见了可与万人匹敌的勇士。江彬更是口若悬河，在皇帝面前夸夸其谈，大讲用兵之道。江彬的纸上谈兵迷惑了武宗，武宗执意认为自己遇见了百年难遇的将才，就把江彬认作义子留在了身边，升江彬为都督佥事。就这样每天江彬陪伴武宗在豹房寻欢作乐。

江彬的同僚马昂在军中因罪革职，听说江彬一步登天，就上门巴结。江彬知道马昂的妹妹美貌动人，就要马昂将妹妹送进豹房来博取皇帝的欢心。马昂为了升官发财也全然不顾廉耻，立即把已怀有身孕的妹妹连哄带骗地献入豹房，果然受宠非常。武宗时时光顾马家的私宅，马昂也成了皇帝身边的红人。

江彬、马昂等一班武夫得宠，搅乱了皇宫内宁静的气氛。武宗热血沸腾，开始在宫中练兵演武。皇帝率领一群精通骑射的太监，与江彬从各地挑选的精壮武士对垒，在皇宫内院的空地上摆开战场，人喊马嘶声响彻九门。

但很快豹房和演习又不能满足武宗的口味，皇帝的兴致日渐淡漠，江彬马上蛊惑武宗出宫远走关外，说宣府一带的乐工中美女众多，况且边关广阔无垠，可以驰骋千里，不像皇宫内院不免制约。武宗听了以后觉得很有道理，马上开始准备。

正德十二年(1517)八月，武宗和江彬率领一帮亲信装扮成百姓模样，乘着月色朦胧，悄悄潜出德胜门，悄然北去。没想到刚到居庸关，就被巡关御史张钦得知皇帝的音信，严令闭关。

武宗不得已只好返回京城。过了一段时间之后，武宗采纳了江彬的主意，将张钦调出居庸关，安排了心腹太监谷大用守关。一切安排妥当之后，武宗和江彬再次易服出宫，毫无阻碍地通过了居庸关。

宣府本是江彬的家乡，江彬早已暗中安排家属亲信在此地预先建造了镇国府第，高楼深院，廊檐环抱，比起皇城宫阙也毫不逊色，江彬很快又把京师豹房中的美女、珍宝陆续运来，武宗便以此为家，全然不理朝政。每当夜色降临，江彬陪着武宗穿过大街小巷，见到大户人家便闯进去。天子驾临，乡民免不了要供奉酒食，一旦发现有姿色的妇女，武宗就要强行留宿。

武宗巡游边塞已半年之久，这时关外明军和蒙古时有冲突，此时正巧鞑靼王子率5万骑兵侵犯大同。武宗得知这个消息后，不但没有丝毫忧虑，反而大喜，一定要率部亲征不可，并且自封为"威武大将军总兵官朱寿"，调集各路军队迎战敌寇。鞑靼王子骤然听说大明皇帝御驾亲征，不知深浅，以为必定声势浩大，于是便下令撤兵了。武宗一见自己的神威吓退了敌军，马上催促部下紧追不舍，最后以明军死伤600余名的代价，斩杀了16个敌人。武宗自觉旗开得胜，想起回到京城，也好在文武百官面前炫耀自己的赫赫战功。

由于这一次到塞北巡游不但玩得开心，同时还亲临前线，取得了"大捷"，武宗皇帝兴奋不已。此后，武宗又两次不顾群臣反对到关外北游，可惜再没有敌情，这让他十分扫兴。

武宗一生做下荒唐事无数，一天他来到清江浦太监张阳的家中，张阳特地准备了大船邀请皇帝泛舟观景，武宗看到水中渔夫张网捕鱼，顿时也跃跃欲试。第二天，他悄悄带着几个小太监，亲自划着小船驶入积水池。当时已是深秋季节，武宗站立船头，刚刚把网撒开，就失去了平衡，连人带网落入水中，后来虽被太监救起，但受了风寒一病不起。

虽然太医们尽心治疗，可还是没有挽回武宗的性命。正德十六年(1521)三月十二日，武宗呕血死于豹房，年仅36岁，结束了他荒唐的一生。

五、奸臣当道

由于明武宗荒淫无度，死时年仅36岁，也没有任何子嗣，而他的父亲孝宗则是一生钟情于张皇后，只有武宗一个儿子，所以孝宗一脉随着武宗的驾崩也就断了香火，于是，大臣们决定从最近的皇族旁支中选出皇位继承人。孝宗的弟弟，成化皇帝的第二个儿子，兴王朱佑杬被认定为最近支的皇室。此时兴王也已经去世，所以由他的独子朱厚熜继承皇位，这就是明世宗，年号嘉靖，明代第十一位皇帝。

从外藩来即位的嘉靖皇帝心情是复杂的，在即位之初就与群臣爆发了"议礼之争"，这是中国历史上一次独一无二的政治事件。嘉靖皇帝对朝中的大臣缺乏信任，十分排斥。而且在名义上，他对以过继给孝宗做养子的身份来继承大统的方式也不认可，所以他想要追封自己的亲生父亲兴王为皇帝。早在朱厚熜离开藩邸进

明世宗像

京之前,未即位的世宗皇帝和朝臣们双方就迎接的礼仪发生了激烈争执。由于朝中不可一日无主,朝臣们迫于形势,最后终于妥协让步。随后,世宗皇帝的生母能否以太后身份进京的问题,又引发了类似的争议,为了稳定局势,大臣们再次让步。

经过这两件事之后,议礼之争愈演愈烈。当时程朱理学在明朝已经发展到了一个巅峰,世宗的做法,在标榜尊崇先师孔子礼教的大臣看来是无父无君,数典忘祖的,他们无法同意。大臣们的意见空前一致,反对的奏章像雪片一样向嘉靖皇帝压来,这让世宗皇帝一度准备放弃自己的主张。就在这个时候,一个叫张璁的书生,看准时机站了出来,开始为嘉靖皇帝立父为君的做法寻求理论上的依据。

张璁为世宗追封自己父母的做法寻找儒家理论中的合理解释,同时援引儒家经典批判了大臣们的观点,与朝廷的反对派大臣们展开激烈论战。尽管他的文章站不住脚,经不起推敲,但是深得嘉靖皇帝之心,于是张璁得以在仕途上平步青云。嘉靖皇帝也加大了力度,扶植了一批附和自己观点的人进入朝中议政。于是朝廷官员们就逐渐分成了两派,赞成派大臣被称为议礼派,反对派大臣被称为护礼派。

议礼派由于嘉靖皇帝的支持,队伍在不断扩大,但是护礼派大多是朝中老臣,根深蒂固。双方明争暗斗,闹得不可开交,双方你来我往,斗争终于趋向了白热化,最终爆发了"血溅左顺门"事件。由于张璁等人为首的议礼派逐渐占据上风,护礼派旧臣决定集体向皇帝进谏示威,其中九卿23人、翰林20人、御史30人等共200余人的庞大队伍,浩浩荡荡来到了左顺门外,他们长跪不起,一时间哭声、喊声一片。

嘉靖皇帝并没有被大臣们的阵势吓倒,立即将为首的几个大臣打入监狱,没想到却激起众怒。大臣们群情激愤,在左顺门前出现骚动,场面渐渐无法控制。世宗皇帝一见,杀心顿起,决定乘此机会铲除护礼派势力,于是134人被捕,86人待罪。锦衣卫从四面八方围来,开始了血腥镇压,左顺门前血迹斑斑,成为了明朝历史上的一件流血惨案。左顺

门事件以世宗皇帝大获全胜告终,护礼派大臣的势力遭到清洗。通过这一事件,嘉靖皇帝既实现了追封先亲为皇帝的愿望,又树立了威信,扶植了自己可以依靠的力量,稳固了帝位。

在局面稳定、统治得力的前提下,明世宗也着手进行了一些改革措施,他吸取前朝的教训,限制宦官权力,整顿税收。但很快开始迷信道教,在宫内设坛求仙,渐渐不大过问朝政。他到处搜罗方士、秘方,许多人因此而一步登天,许多文人也因为给嘉靖皇帝撰写青词(道教仪式中向上天祷告的词文)而入阁成为高官,当时民间就有"青词宰相"的说法。凡是迎合他信道的,就得到重用,这其中就包括中国历史上的一代奸臣严嵩。严嵩其人并无治国之才,但是特别擅长诗文书法,《明史》也不得不承认他"为诗古文辞,颇著清誉",并擅写"青词"。由于他善于起草祭神的文书,逐步取得了内阁首辅(相当于宰相)的地位。这其实是个很有趣的现象,中国历代奸臣大多以擅长书法而闻名,蔡京、秦桧、严嵩都是其中的圣手,只是他们的书法盛名都被他们的奸恶之名淹没了。

严嵩当上首辅后,结党营私,贪赃枉法。他的儿子严世蕃更是飞扬跋扈,坏事做尽。严氏父子权倾朝野,许多阿谀奉承的小人都来投靠,一时间,严嵩的干儿子竟达30多人。有了这些爪牙,严嵩更加可以随意操纵朝政了。

嘉靖皇帝时期边防是有喜有忧,北面鞑靼部(分裂的蒙古四部中的一支)强大起来,统一了蒙古各部,经常侵扰明朝边境。与此相反,东南沿海的抗倭斗争却取得了决定性的胜利,涌现出了像戚继光、俞大猷等著名抗倭将领。严嵩本人是儒生出身,丝毫不关心军事备战,反而借着国家南北边防战事不断的机会,大肆贪污军饷,让兵士们忍饥挨饿。

在国家军备空虚的情况下,鞑靼首领俺答汗几次打进内地,朝廷都没有力量组织抵抗。嘉靖二十九年(1550),俺答汗带着骑兵,一路打到了北京近郊。明世宗听从了严嵩的建议,指派他的门生仇鸾为大

将军，统率各地援军保卫京城。严嵩怕一旦打了败仗，引起世人的指责，就指使仇鸾不要出城抵抗，只要固守京城即可。结果几万鞑靼兵在京城附近烧杀掳掠，抢夺了大批人口、牲畜、财物，而京城集结的十几万明军却按兵不动，一箭未发。

一年之后，严嵩和仇鸾又暗中勾结鞑靼，准备以进贡和割地为条件同蒙古讲和。严嵩、仇鸾一伙丧权辱国的行为激起了一些正直大臣的愤慨，特别是兵部员外郎杨继盛。

杨继盛为人正直，认为堂堂天朝大国不能损其国威。他多次向明世宗上奏，反对议和，只要朝廷上下能够发奋图强，富国强兵，驱逐鞑靼便指日可待。明世宗虽然也有心与鞑靼一战，但他性格软弱，经不起严嵩、仇鸾等人的夸大其词，最后杨继盛遭到排挤，降职到狄道（今甘肃临洮）做典史。

杨继盛虽被贬到狄道，但他的心志丝毫没有因这点挫折所动摇。狄道是少数民族聚居的地方，当地人大多不识汉字。杨继盛到了那里勤政爱民，兴办学堂，变卖了家产帮助家境贫寒的青少年读书。当地百姓都爱戴杨继盛，呼他为"杨父"。

正当杨继盛把狄道治理得井井有条之时，鞑靼却屡屡破坏和议，多次进攻边境。仇鸾怕皇帝降罪，在惊恐中病发身亡。此时，明世宗意识到杨继盛的意见是对的，让他复职调回京城。此时仇鸾身死，严嵩也想拉拢杨继盛以便继续控制军权，哪知杨继盛对严嵩是深恶痛绝，认定他是祸国殃民的罪魁祸首。杨继盛回到京城不到一个月就揭发严嵩十大罪状，上奏章给明世宗，而且条条都证据确凿。他在奏章中还尖锐地指出，严嵩之所以犯下了十大罪，还可以轻松蒙蔽皇上，是因为还有"五奸"在暗中帮他，世宗身边已经布满了严嵩的间谍、爪牙、亲戚、奴才、心腹，所以圣聪蒙蔽，让小人可以为所欲为。

这道奏章无疑击中了严嵩的要害，严嵩恼羞成怒，继续在明世宗面前混淆黑白，诬陷杨继盛。最后，明世宗还是相信了严嵩，结果杨继盛

被打了一百廷杖，打进大牢。

杨继盛虽然被廷杖打得遍体鳞伤，浑身溃烂，连狱卒看了都心中不忍，但杨继盛却泰然处之，像没事儿一样，一身正气让人叹服。杨继盛不死，严嵩始终寝食难安，最终撺掇明世宗把杨继盛杀害了。

严嵩掌权21年却不知收敛，一心只想着扩张自己的势力。他的党羽遍布朝廷各个重要职位，无法无天，终于也惹怒了明世宗。一次明世宗请道士蓝道行扶乩（一种迷信活动），蓝道行以扶乩的结果暗示世宗要除掉严嵩，迷信的明世宗这才下定了决心，暗中安排御史邹应龙逐步削弱严嵩的势力，在时机恰当时一举将他铲除。邹应龙经过周密考虑，决定先从弹劾严世蕃下手。

严世蕃依仗父亲权势，无恶不作，早已怨声载道。邹应龙弹劾严世蕃的奏章一石激起千层浪，明世宗果然下令把严世蕃惩办，发配到雷州，并且以此勒令严嵩退休。

严世蕃和他的同党却不知悔改，他们在去往雷州的路途中逃出，悄悄回到老家，网罗了不少亡命之徒和江洋大盗，并和汉奸汪直一起串通倭寇，准备逃亡日本。这件事最后还是传进了明世宗的耳朵里，于是，他下令把严世蕃及其同党斩首示众，严嵩革职为民。至此，明朝历史上最大的权奸终于倒台了。

但严嵩的倒台，并没有使明世宗政治清明。在他生命的最后几年里，由于长期服用丹药，身体和精神都处于一种异常状态之中，喜怒无常。很多大臣都被莫名其妙地杀头或廷杖，朝中人人自危，无人敢再向皇帝进谏。嘉靖皇帝为了修炼，又大肆建造宫殿庙宇，搜刮民脂民膏，搞得国库空虚，民不聊生。嘉靖四十五年（1566）十二月，嘉靖皇帝在一心求仙的虔诚中走完了他的人生历程。皇位传给了他的第三个儿子，裕王朱载垕。

3 小时读懂明朝

点评

昏君和小人之间的关系如同伯乐与千里马,千里马常有,而伯乐不常有。其实小人在封建时期的任何一个朝代都是层出不穷的,唯有昏君才会听从小人的教唆。明朝中期政治败坏的开始,不仅在于小人的卑劣,更在于昏君的昏庸。明朝经历了前几代的中兴之后,开始出现颓势。

明朝皇帝大多短命,很多皇帝活不过50岁,在中壮年就去世了。皇帝早逝在帝制时代会产生很多严重后果。因皇位继承而引发矛盾,比如因武宗无嗣,其弟继承大统(世宗嘉靖帝)而引发的"议礼之争";或是因幼帝冲龄登基(如英宗即位9岁,神宗10岁,武宗14岁,世宗15岁),少不经事,年幼贪玩,导致皇权旁落,宦阉作乱(如英宗时之王振,武宗时之刘瑾、江彬,孝宗时之汪直,熹宗时之魏忠贤)。除太祖、成祖外,其他皇帝真可谓是一蟹不如一蟹,一步步使明朝由强转衰。

于谦小传

于谦(1398~1457),字廷益,号节庵,钱塘人(今浙江杭州),永乐十九年(1421)考取进士。宣德元年(1426),汉王朱高煦在乐安州起兵谋反,于谦随宣宗朱瞻基亲征立下战功,授予御史一职,后升任兵部左侍郎。正统十四年(1449)秋,瓦剌也先大举侵犯边疆,宦官王振教唆英宗亲征。不久,土木堡之变,英宗被俘,朝中无君,一片混乱。群臣决议让英宗之弟朱祁

钰监国，将于谦升为兵部尚书，全权负责筹划京师防御。当时，朝廷中许多人毫无战心，正欲迁都南下，于谦挺身而出，驳斥了各种投降主义的论调，根据当时形势，大胆提出了"社稷为重君为轻"的思想，坚持保卫北京，誓死抗敌。不久，朱祁钰即帝位，为明代宗。十月，也先挟持英宗破紫荆关威胁京师，于谦分遣诸将列阵九门迎敌，并亲自督战，击毙也先的弟弟孛罗和平章卯那孩。景泰元年(1450)，也先求和，并且归还了英宗。同年八月，迎回英宗，安置南宫，称太上皇。当时闽浙有叶宗留、邓茂七起义，广东有黄萧养起义，湖广、广西、贵州等地均有少数民族反抗，全都被于谦镇压，朝廷局面终于稳定。景泰八年(1457)，代宗卧疾在南郊，将军石亨、宦官曹吉祥等发兵拥立英宗复辟。英宗恢复帝位后，许多人嫉恨于谦，乘机报复，指责于谦拥立代宗一事。英宗以于谦实有功，不忍杀之。徐有贞奏道："不杀于谦等，今日之事有何名誉可言？"遂以谋逆罪处死。《明史》载，于谦"死之日，阴霾四合，天下冤之"，抄没家产时，发现于谦家中清苦，没什么值钱之物。成化年间，复官并赐祭，葬于杭州西湖三台山麓。同时于谦在文学上也有一定成就，留有《于忠肃集》。

其兴也勃焉,其衰也忽焉。万历朝前后期冰火两重天。

第四章
万历中兴

一、荡平倭寇

古时的日本称为倭奴国，所谓倭寇是指由日本渔民、农民、商人、武士、浪人等组成的海盗集团的泛称。他们从13世纪初到16世纪末，在中国沿海地区开始有组织、有计划地对当地人民进行武装劫掠。在这一过程中，也有很多中国人与之相勾结，所以中国史书上将这些日本海盗以及后来与之勾结的内奸，统称为倭寇。从元末至明万历300年的时间内，倭寇不断侵扰中国沿海地区，极大地干扰了民生。

倭寇的活动自元朝末年就已经开始，当时日本进入分裂时期，内战不断，许多残兵败将、海盗商人及破产农民不得已流亡海外。而当时中国恰好也是即将朝代更迭，无暇巩固海防，倭寇屡次袭击滨海州县得手。洪武时，海防整饬，又下达了禁海令，基本控制了海防。经永乐十七年（1419）六月的望海埚一战，明辽东总兵刘江成功围剿了数千名来犯倭寇

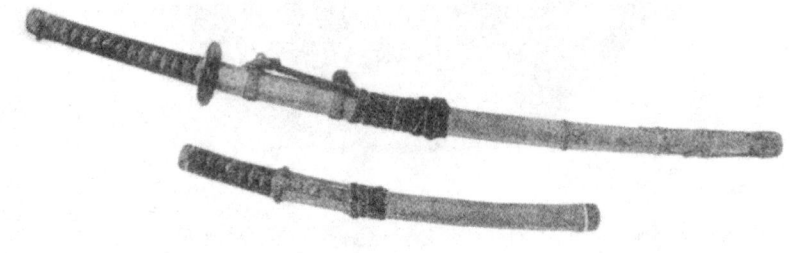

倭寇使用的日本刀

后，倭寇几乎销声匿迹。正统以后，因军事力量逐渐空虚，致倭患又起。这一时期的倭寇和内陆勾结比较严重，他们如果遇见官兵就谎称要去进贡，乘守备不注意就开始肆行杀掠。但总体说来，在嘉靖以前，倭寇作乱仅仅局限于个别地区，持续时间也很短，没有引起明朝的足够重视。

自嘉靖以后，倭寇活动猖獗到一发不可收拾的地步。这其中的主要原因还与日本本土的局势变化密不可分。首先，日本内战加剧造成日本社会各阶层人士的大量破产和失业，在无奈的情况下，他们大多成为寇盗；其次，日本商业得到了发展，资产阶级萌芽开始产生。国内大小藩侯的奢侈欲望愈益增长，对中国物产和金银的需求增加；最后，这一时期也有大量的中国商人、破产农民和失意知识分子流落到了日本。其中有资本者开始进行走私贸易，无资本者就联合日本海盗一起进行抢劫。这时，这些流落在外的中国人也成为倭寇的重要组成部分，像侨居日本的汪直、徐海、毛烈、陈东、叶明（叶麻）、邓文俊、林碧川、沈南山等，都是此类汉奸中的代表人物。他们熟悉中国地理，在日本封建地主的支持下，袭用倭人服饰旗号，开始对中国东南沿海地区进行大肆掠夺，但此时的明世宗朱厚熜却无心过问这些事情，专心研究道教。朝廷之上，严嵩一手遮天，贪污腐败之风横行，蒙古又不断骚扰边境，倭寇活动更加猖獗。公元1553年，汉奸汪直、徐海内外勾结，倭寇聚集了几百艘海船，开始想在浙江、江苏

抗倭名将俞大猷像

沿海一带进攻。他们细分成许多小队，分头进攻，很快就抢掠了几十个城市。沿海的官吏腐败，军队没有战斗力，一看见倭寇马上扭头就跑。

倭寇之患让躲在深宫里求仙问道的明世宗也无法回避，他只好叫来自己倚重的大臣严嵩商量对策。严嵩的党羽赵文华抓住皇帝喜好求神信佛的心态，提出要解决倭寇侵犯问题，唯有虔诚地向东海祷告，有了神明保佑，不愁倭寇不除。明世宗果然相信了赵文华的鬼话，于是就派他到浙江去祷告。后来，倭寇横行越来越肆无忌惮，只好选派了熟悉沿海防务的老将俞大猷前去平定。俞大猷到了浙江，连续大胜，打击了倭寇的嚣张气焰。但很快提拔俞大猷的浙江总督张经就被赵文华陷害，俞大猷也受到株连而丢了官职。沿海的防务再度陷入混乱，倭寇的猖獗活动又无法遏制。这种局面一直持续到朝廷把

严嵩像

戚继光像

山东的将领戚继光调到浙江来才得到改善。

戚继光，山东蓬莱人，是我国历史上著名的民族英雄。他初到浙江，眼前的状况让他大吃一惊，军心涣散，纪律松散，根本没有任何战斗力。要想打败倭寇必须有一支过硬的武装力量，于是他就决心招募新军。招兵命令一发出，马上有许多饱受倭寇侵扰的农民自愿参军，很多当地的地主武装力量为了保护自己的利益也表示愿意抗倭，新军很快发展壮大到4000多人。

戚继光精通兵法，而且作战经验丰富，手下兵士都经过严格训练，并且他还发挥地理优势，又根据南方沼泽地区的特点，研究了阵法，让兵士使用各种长短武器，更好地发挥威力。在他的严格训练之下，这支新军的战斗力得到迅速提升，"戚家军"很快远近闻名。不久，倭寇又集中袭击台州（今浙江临海）一带，戚家军很快赶到台州。倭寇本来就是流寇式的作案，走到哪儿抢到哪儿，如今却被戚家军死死盯住。他们在哪里骚扰，戚家军就打到哪里。海盗队伍不过是群乌合之众，哪里是戚家军的对手，交锋几次，戚家军一次比一次胜得轻松。最后，倭寇在中国的土地上根本无法立足，只好再次逃回海船上，结果又被戚继光用大炮将倭寇的船击沉，大部分倭兵被炸死或掉到海里淹死，侥幸生还的也只能乖乖投降。

浙江有戚家军镇守，倭寇已不敢再侵犯。第二年，他们流窜到福建沿海骚扰。这次他们兵分两路，一路从温州登陆

明·大福船（又名白槽）

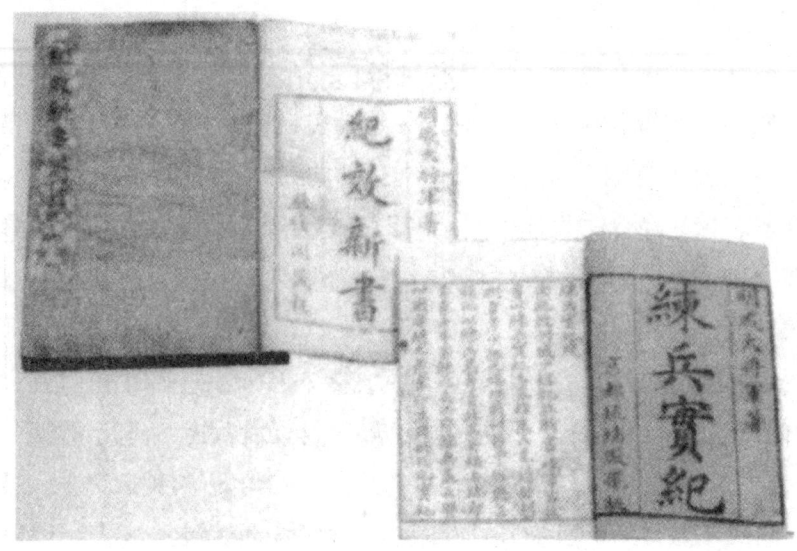

戚继光在抗倭期间写成的《纪效新书》、《练兵实纪》

后南下，占据了宁德；另一路从广东北上，盘踞在牛田。两路敌人南北夹击，一时间让福州的守将无法抵挡。朝廷马上派戚继光前去援救。戚继光很快带了新军来到离倭寇比较近的宁德，打听到原来敌人以宁德城十里外的横屿岛为老巢。横屿岛四面环水，易守难攻，倭寇在那儿盘踞，让当地的明军毫无办法。

戚继光并没有被眼前的局势吓倒，他马上亲自调查了横屿岛的地形，发现横屿岛与大陆之间水道既不宽，也不深，所以当即决定晚上潮落的时候进行强渡。戚继光命令每个兵士随身带一捆干草，把干草扔在横屿岛和大陆之间的水道中，几千捆干草扔在一起，填平了水道。戚家军兵士踏着干草铺成的路，神不知鬼不觉地袭击了倭寇大营。经过一场激烈战斗之后，岛上的两千多个倭寇全部被歼灭。

戚家军攻下横屿，马上急行军赶到了牛田。在快到牛田的时候，戚继光假意传出军令，让全体士兵原地休整，等养精蓄锐之后再发动进攻。

这些话很快被敌人的探子打听到了。牛田的倭寇以为戚家军暂时不会发动进攻，本来的高度戒备也随之松懈了。哪知戚继光是故意让敌人放松戒备，当晚他就下令向牛田发起总攻击。倭兵还在睡梦之中，仓促应战，很快就被戚家军打得四处逃散。

不久，倭寇再次侵犯福建，攻下了兴化。这时候，严嵩父子已经倒台，俞大猷官复原职。朝廷任命俞大猷为福建总兵，戚继光为副将。两员抗倭大将一起，倭寇哪里还是对手，很快就收复了兴化。此后俞、戚两军多次配合，大败倭寇，巩固了海防。此时，危害中国东南沿海几十年的倭寇基本被肃清了。

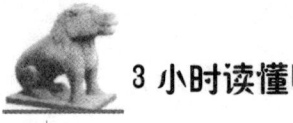

二、明穆宗朱载垕

明穆宗朱载垕是世宗皇帝的第三个儿子,他登基时 30 岁,年号隆庆,是明朝历史上的第十二任皇帝。朱载垕是明朝历史上一位平和的皇帝,不像太祖、成祖那样文治武功赫赫,也没有宪宗、武宗那样的荒唐之举。在他统治期间,几乎没有爆发什么重大的变故,江山稳固,可以说他是继明仁宗朱高炽之后,又一位出色的守成之君。这很大程度上要归功于他稳健、低调的性格。在皇子时期,朱载垕就处处小心谨慎,处事得体,深得朝中大臣的赞赏。从小就养成的平静、祥和的性情也是他能够顺利登上帝位的保障。

隆庆年间将严嵩时期的乌烟瘴气一扫而空,朝廷政治开明。一时间隆庆朝人才济济,许多万历朝的名臣都在这一时期开始崭露头角,文有徐阶、张居正、高拱、杨博;武有谭纶、戚继光、李成梁。其实江山代有才人出,各领风骚数百年。这些

明穆宗像

3 小时读懂明朝

名臣良将能够实现抱负，还要归功于隆庆皇帝任人唯贤，给了他们发展的空间。纵观明朝前几代历史，比如成化朝也曾人才济济，为后世称道，但由于帝王的不思进取，他们终究辜负了自

北京天坛的皇穹宇和回音壁

己的才名，没有在历史上写下光辉的一笔。朱载垕的一大优点就是用人不疑，给他的臣子提供了充分的发展空间，于是，隆庆朝随后的万历朝前十年成了明王朝高度发展的时期，也可以说是中国封建社会的巅峰时期。

这一时期社会稳定，百姓安居乐业，经济比嘉靖朝有了很大的飞跃。虽然朱载垕在位的时间仅有短短 6 年时间，却在明王朝向一个鼎盛繁荣发展的过程中，起到了一个承前启后的重要作用。

万历前十年的繁荣，很大程度上要归功于张居正。正是朱载垕大力扶持，才能够让张居正在政务上充分施展才能。更为关键的是，正是有了穆宗皇帝对前朝弊政的改革，才为万历朝的繁荣扫清了障碍，朱载垕的历史功绩卓著，应该位列明朝历代明君之一。

人无完人，朱载垕也有自己的缺点，而且有意思的是朱载垕的统治颇有无为而治的味道，后世很多人认为他懒于朝政。史书上记载，他在位的 6 年里只召开过两次阁臣朝会，朝宴上也很少发表自己的意见，很像春秋时期的齐桓公，懒于政事，把朝政都托付给管仲打理。

朱载垕一生过度沉溺于酒色，整天泡在后宫里寻欢作乐，最后他也是死于酒色，成为明朝历史上又一位英年早逝的皇帝。

隆庆朝最大的忧患是没能解决北疆边防危机的问题。虽然东南沿海的倭寇之乱已被沉重打击，但是北部边防却并非太平无事。比如隆庆朝发生的"庚戌之变"是继"土木堡之变"也先部队包围北京城之后，蒙古部落又一次较大规模的入侵中原

朱载堉·《律吕全书》书影

的事件。蒙古骑兵兵分两路，一支从山西方向，另一支从卢龙、滦河方向同时逼近北京。隆庆皇帝急调各处边兵放弃防地勤王保驾，这才保住了北京。

当然，蒙古人也明白孤军深入根本无法占据北京，他们更加关心的是金银财宝、壮丁工匠。因此，这次蒙古人和往常一样，并没有大举进攻北京，而是在周边地区烧杀掳掠了一番后，带着战利品满载而归。不过这次战争也着实给隆庆皇帝敲响了警钟，认识到了边防的重要，更加关心北疆的防御。好在有张居正这位谋臣在朝，戚继光这位名将在边，他们为巩固明朝的边防做了很多努力。经过此后很长的一段时间，终于遏制了敌人的嚣张气焰，再没有爆发蒙古大规模入侵的事件。

隆庆六年（1572）五月，皇帝突然感到身体不适，被女色掏空了身子的隆庆皇帝，就这样一病不起，走完了6年的帝王生涯，终年36岁。他匆匆忙忙把大明江山交给了他年仅9岁的皇子朱翊钧手中。

三、张居正辅政

明穆宗临终前,把自己年幼的儿子朱翊钧托付给高拱、张居正等几位大臣,希望他们好好辅佐朝政,教导小皇帝长大成人。其中最得明穆宗信赖的就是张居正。

张居正原籍湖北江陵,自幼聪明伶俐,而且勤奋好学,是乡里远近闻名的神童,22岁时就高中进士。他在走上仕途之后,更表现出卓越的政治能力,处理事情无论大小都十分认真负责。富有才干的他很快就得到上司的赏识,因此,他的官职一升再升,不到几年的时间,就进入到了内阁做了大学士。

接受了穆宗遗命的高拱和张居正,都是朝中的权臣。明朝从太祖洪武皇帝起就废除了丞

张居正像

相，增设了内阁，在内阁大学士中选出一人作为首辅，全权负责，地位相当于丞相。当时的内阁首辅就是高拱，权力还在张居正之上。但高拱为人过于自大，做事喜欢独断专行。尽管张居正是一个有革除朝廷弊端大志的人，也非常受穆宗器重，但始终有高拱压在上面，使他难以有所作为，所以张居正始终隐而不发。

但张居正的机会很快就来了，小皇帝朱翊钧即位不久，人心不稳，高拱的独断专行就给他惹来了麻烦。原来高拱得罪了宫中太监冯保，而冯保是宫中最有权势的太监，皇帝年幼，还只能任人摆布，于是，冯保联合对高拱早有意见的太后，罢免了高拱的官职，而张居正顺理成章当了内阁首辅。这一下大权完全落入张居正手中，他可以逐步实现胸中酝酿已久的改革计划。

张居正也是很有心计的人，他清楚，一旦改革，必将损害到一部分人的利益，必定受到巨大阻力。首先要巩固住自己的权力和地位，否则改革未成，自己就先成为了牺牲品。只有将小皇帝掌握在手中，这样才能确保改革的成功。于是，他主动担当了皇帝的老师，每天教皇帝诵读四书五经。张居正很得太后信任，经常教导幼帝要听张先生的教导，这样在宫里小皇帝对张居正既尊敬又害怕，尊称张居正为"先生"。

张居正对小皇帝更是严格要求，一有差错他就严厉责罚。在10岁的小皇帝心目中，只是将张居正当作一位严厉的老师，而不是自己的臣子。

每次在"经筵"上，张居正都在一班大臣面前给小皇帝讲解经书。"经筵"是每十天一次，讲经结束后就宴请各位大臣，君臣们一起商议国事。张居正在这种正式场合讲解更加卖力，而且对皇帝的要求也更严格。因为他明白，在这种重大场合更能树立他的威信，使皇帝和其他大臣都敬畏他。

有一次讲解《论语》，照例小皇帝首先朗读一遍，结果小皇帝不慎将一个字的发音读错，本来是个细微的错误，大家也都没有十分留意。没想到正在细心倾听的张居正立刻大喊一声，呵斥小皇帝犯下了不应犯的

错误。

张居正声音十分响亮，震得宫廷上都发出回音。这下把小皇帝和在座的各位大臣也都吓了一跳。没想到一个小小的错误，张首辅就如此严厉，何况皇帝还是一个十几岁的孩子。小皇帝被吓得心惊胆

张居正手札

战，丝毫不见帝王的尊严，他立刻改正错误重读了一遍。张居正的威严和权势，让各大臣都暗暗吸了一口凉气，没想到张大人连皇帝都敢严厉批评。

从万历元年（1573）到万历十年（1582），张居正一直在教皇帝四书五经。在这10年中，张居正有太后和皇帝作为后盾，使得朝廷大臣对他敬畏万分。因此，张居正独掌大权，轻易地扫平了反对势力，他的新法十分顺利地得以推行。

他最著名也最具有改革性的新法是"一条鞭法"。这项法律改革了传统的征收赋役制度。万历之前历代征收赋役包括两大项：赋税和劳役。老百姓向官府上交钱财叫赋税，定期给官府义务劳动叫服劳役。这样赋税和劳役交替，给百姓生活增添了很大负担，所以总是不安定，而贪官、地主又趁机欺压剥削百姓，更多地对百姓进行压榨，这种制度弊病很多。

所谓一条鞭法，顾名思义就是将赋税和劳役相结合，统一折算成银子上交官府，官府再利用这笔钱雇人来干活。这样一来，百姓免除了劳役之苦，而且交一次税就很长时间不用再交，既减轻了负担，又安定了生活，而且这样一来税收账目清楚，那些经常投机逃税的地主们也只能

老老实实地向官府交税。

一条鞭法的效果立竿见影,确实利国利民,老百姓都拥护这项新法令,张居正深得民心。短短几年间,国家财政收入就成倍增长,粮食也有了充分储备。皇帝和太后也更加信任张居正,这让张居正更能放开手脚,大胆进行自己的改革。

张居正紧接着就打算惩治腐败的问题。当时许多贪官不学无术,贪赃枉法,成为吞噬国家根本的蛀虫。很快张居正就制定了"考成法",就是对朝廷大小官员进行定期考试,不合格的官员就降职甚至罢官,合格的官员才能留任,成绩优秀者则给予奖励并且升职。

"考成法"实行以后,朝廷的用人制度得到改善。这样,很多尸位素餐的官吏不敢再混饭吃。百姓们更是拍手称快,他们以前经常受到昏庸官吏的压迫,而现在有了"考成法",能为民办事的官吏越来越多,百姓怎能不高兴?很多有能力的官员更加努力工作,知道总有一天会被升职的。

接着张居正的眼光又瞄准了国防。明朝在嘉靖皇帝时,解决了南方倭寇骚扰的问题,但北方常有鞑靼骑兵的侵犯,给京城北方造成了很大威胁。张居正对此煞费苦心,如果不消除边防隐患,明朝统治始终不能稳定,老百姓生活也无法安宁。必须要有一位得力将领才能胜任,张居正的目光很自然地落到了抗倭英雄戚继光的身上,他相信能

张居正墓园

担当这个重任的只有戚继光。张居正能知人善任,这是他改革能够取得成功的关键。这一点前任内阁首辅高拱根本无法与之相比,高拱为人行事专断,嫉贤妒能,最终被弹劾了事。

戚继光被张居正调到了北方后,马上开始整备北方各镇的军务,重点防范鞑靼人。戚继光果然不同凡响,很快整顿了军队,加强了部队的战斗力,接着他命部队和征集民夫在山海关到居庸关这一段长城上重新修了几千座堡垒相互呼应,防御能力大为增强。这一来让鞑靼骑兵寸步难行。他亲自训练的戚家军勇猛善战,加上坚固的防御工事,接连多次让敌军无功而返。鞑靼人只好求和,表示永远和明朝友好,一直战火不断的明朝北方边境终于安定下来。戚继光继荡平倭寇之后再次立下大功,当然,张居正善于用人的功劳也很大。

正当万历皇帝 20 岁,开始逐步接手朝政的时候,张居正患病死去。本来万历皇帝也很怀念这位教导自己的老师,但很快他就发现没有张居正在身边是这样无拘无束,不需要再为犯下错误而担惊受怕。很多恨张居正的小人立刻借机挑拨,万历皇帝开始痛恨这位张先生的严厉,很快他下令抄了张居正的家,把他的爵位也给撤了。

张居正为皇帝写的《帝鉴图说》

综观张居正一生,他的一切改革着眼于地主阶级的长远利益,因而不得不在某些方面损害一些官僚、地主的局部利益。他虽在生前以高超的政治手腕压制了反对势力,但他身死以后马上就有人开始疯狂地报复和攻击。尽管如此,张居正的改革还是中国历史上光辉的一笔。著名历史学家黎东方对张居正有这样的评论:以施政的成绩而论,他(张居正)不仅是明朝的唯一大政治家,也是汉朝以来所少有的。诸葛亮和王安石二人,勉强可以与他相比。诸葛亮的处境比他苦,不曾有机会施展其经纶于全中国。王安石富于理想,而拙于实行,有本事获得宋神宗的信任,而没有才干实现理想。

四、援兵朝鲜

张居正死后虽然遭受迫害,但他的改革措施还是极大地增强了明朝的国力。就在这时,与中国一海之隔的日本也由内乱走向了统一。16世纪末,一代枭雄丰臣秀吉结束了日本混战割据的战国时代。

明万历十三年(1585),日本天皇任命丰臣秀吉为摄政,建立了统治全日本的中央集权。丰臣秀吉也野心勃勃,准备着向亚洲进行扩张。他首先把目标瞄准了朝鲜,继而再向中国进行扩张。

日本在短期内就储备了大量的军粮、战船和火器。在丰臣秀吉眼中,朝鲜的三千里江山很快就会变为日本的一个行省,成为日本称霸亚洲的桥头堡。当时朝鲜政权在很多地方都是效仿明朝,重文轻武。不过相比于明朝,朝鲜半岛自元末以来就少有战事,军事更加松弛,虽然不时有倭寇捣乱,但总体还是平静的,没人察觉日本的

万历皇帝

3 小时读懂明朝

虎视眈眈和精心战备。

当时的明朝内政边防也是空前平稳。明神宗悠闲地做着皇帝,享受着张居正的改革成果。执政大臣如申时行等人吸取张居正生前权倾一时,死后即遭清算的教训,削弱并放弃了内阁的权力。虽然各地偶发小规模叛乱和农民起义,但总体上还是空前的稳定。太仓的粮食还很充足,库银充沛,军饷、火器也能及时供应。在所有人眼中,没有什么事情值得忧虑。大明和朝鲜一对友邦兄弟,在大战前的平静中享受着和平和富足。

万历二十年(1592),日本的战舰已建造完毕,粮草也准备充分,大军整装待发。丰臣秀吉正式下达命令后,以9个军共15万兵力,战船700余艘,开始远征朝鲜。先头部队以迅雷不及掩耳之势攻克釜山。很快,朝鲜海防重镇东莱、梁山等地也相继陷落。日军后续主力8万多人和其余舰队相继入朝。日本倾举国之军力,目的是要在最短时间内控制朝鲜。

经过战国时代洗礼的日军斗志高昂,而朝鲜则文恬武嬉,军备松弛。日军使用了当时先进的火器,把以冷兵器为主的朝军打得溃不成军。但就在朝鲜陆战全面败退的时候,一个将军却在海战中接连取得大胜,他就是朝鲜名将李舜臣。李舜臣发明了新式海战武器"龟甲船"。龟甲船船身的防护板装有硬木,并且裹上鳞状铁叶,形似龟壳,

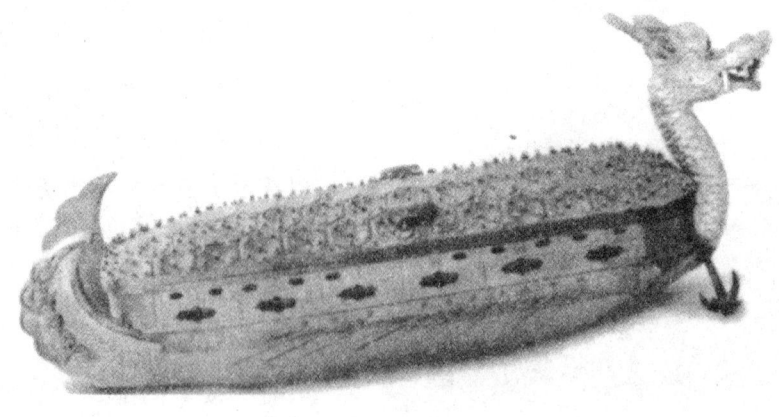

明·龟船

故叫龟甲船。龟甲船火力强大，而且防御能力强，很快就扭转了朝鲜海战的不利局面，打得日军连连败退。

但在陆地上，日军已经占领了朝鲜半岛绝大部分地区。朝鲜王子被俘，国王逃到了中国边境，李氏王朝政权遭受了灭顶之灾。国王李昖正式向神宗皇帝递交国书，并派人分头去收买众多大臣甚至宦官，希望他们能尽快说服皇帝作出出兵光复朝鲜的决定。

日本入侵朝鲜的举动，也让大明朝野上下震惊。沿海长达百年的倭患，自然是人人痛恨日本。只是明朝自庚子之变后的几十年，再无大规模的战争，能否战胜日军，明朝君臣感到没有把握。

此时丰臣秀吉下书要求琉球、菲律宾南洋国家臣服日本朝贡的消息传来，极大刺激了明朝君臣。大明早已习惯自己天朝大国的地位，况且北京离辽东不远，如果日本一旦从朝鲜进兵，那么首先就会威胁到都城北京。朝廷上下基本达成了"迎敌于外，毋使入境"的共识。

开始由于不了解敌情，最初只派了一支两千余人的偏师前往朝鲜，很快遭遇日军连番伏击，几乎全军覆没，只有寥寥几人逃回。这下明廷像炸开了锅，大明的君臣被激怒，要求动用大军远征朝鲜。明神宗任命兵部侍郎宋应昌为经略，总领抗倭事宜；急调陕西总兵李如松（名将李成梁之子）入辽，为东征提督，统领全军。明朝在全国范围调集了4万精锐部队，在宋应昌和李如松的率领下，渡过鸭绿江，开始了光复朝鲜之战。

万历二十一年（1593）一月，大军来到平壤城下，平壤之役打响了。明军作战勇猛顽强，又有先进的火炮，很快就从日军手中夺回了平壤。平壤的收复扭转了整个朝鲜半岛的战争局势，具有相当大的战略意义。统帅李如松凭此一战成名，可以说平壤大捷超过其父李成梁在辽东任何一次战役。

同年正月二十四日，明军的先头部队查大受部队在汉城郊区与日军加藤光泰部队展开了激战。日军败退诱敌，日军主帅小早川隆以2万人

的兵力将明军查大受部队包围在碧蹄馆,明军仅有3000骑兵,依靠顽强的意志和火炮优势抵抗住了数倍于己的日军。在坚持了一天一夜之后,明将杨元连夜前来救援,日军以为明军主力部队赶到,便撤退回王京。碧蹄馆之战,明军精骑死伤过半,日军也付出了惨重代价。

碧蹄馆之战后李如松不敢孤军深入,而日军在汉城及周边地区集结了5万多人,在兵力上取得了绝对的优势,李如松便率领明军二月十六日退回了平壤。

后来明军探知日军把大部分军粮存放在龙山大仓后,李如松立即派遣查大受和李如梅率领敢死队深夜偷袭了龙山大仓。龙山大仓原来是朝鲜的国仓,积贮了朝鲜几十年的粮食,汉城被日军占领后,日军就把龙山大仓作为军粮库,后来日军囤积的军粮都存于此地。明军敢死队潜入龙山后,用火箭射向粮仓,十三座大仓,数十万石粮食瞬间起火,一夜间被烧了个干干净净。李如松夜袭龙山成功,可与官渡之战中曹操的夜袭乌巢相比。日军军粮没了,全线被动,很快陷入恐慌。

日军战斗减员严重,再加上粮仓被焚,军心涣散,而明军也不愿长时间在外作战,本身兵力也少于日军,无法将日军彻底歼灭。既然双方都无心再战,于是准备开始进行和谈。当时明朝禁海已久,和日本少有往来,一时间竟找不到精通日语的翻译。明朝方面为此事为难了很久,最后派出的和谈代表是浙江人沈惟敬。这也算世界外交史上的一则奇闻,沈惟敬并非明朝官员,也没有外交谈判才能,仅仅由于他海外经商多年,会说一口流利的日语而被兵部尚书石星赏识,临时被封为游击将军,后来的事实证明此人完全是个无赖。

万历二十一年(1593),以石星为首的主和派派遣沈惟敬至汉城与小西行长谈判,双方达成了协议:明朝派使节前往名古屋会见丰臣秀吉;明军撤出朝鲜,同时日军从汉城撤军,并且交还二王子及其他被俘官吏;由沈惟敬等人组成明朝使团与日军前往日本。

同年四月十八日,日军全部撤离汉城,李如松于十九日率明军及朝

鲜军对进入汉城。局势稳定后，李如松便带兵返回京城。至此，朝鲜除少数沿海地区外，其余各地全部收复。

五月八日丰臣秀吉在名古屋会见了明朝使团。由于语言上的障碍，双方的会谈实际上还是在沈惟敬和小西行长之间进行。丰臣秀吉提出了"大明、日本和平条件"七条：要求迎明帝公主为日本天皇后；双方发展海上贸易；朝鲜割让土地；扣留朝鲜王子为人质等。沈惟敬马上答应了这些丧权辱国的条件，但对随行的大臣们谎称丰臣秀吉已同意向明朝称臣，请求封贡，并且答应日军马上从朝鲜撤退，而日本方面则以为，明朝使者已经同意了丰臣秀吉的要求，只需派使者与明使一道去北京拿回大明皇帝的批复即可。

在沈惟敬欺上瞒下的斡旋后，中日双方即将要达成世界外交史上最为荒唐的协议，很快日本派小西如安随明朝使团去往北京。小西如安与沈惟敬相互勾结，来到了北京后，他马上答应了明朝提出的三项条款：1.日军在受封后迅速撤离朝鲜；2.只册封而不准求贡；3.与朝鲜修好不得侵犯。虽然兵部还和小西如安对细节进行了详谈，但小西如安欺明朝无人懂日语就随口胡说。这时沈惟敬将早已伪造好的日本降表递交，明朝君臣也很满意，明神宗立即册封丰臣秀吉为日本国王。

万历二十四年（1596）九月初三，明朝使团再次来到日本。丰臣秀吉穿上了明朝使者送来的册封衣冠，接受了明朝册封。沈惟敬献上了明帝诏书和赠与的金印，丰臣秀吉以为明朝已经臣服，十分高兴，并设宴款待明使。不久之后丰臣秀吉让懂汉语的僧人为其用日语宣读明朝的册封诏书，才发现不对，勃然大怒，接着马上将小西行长治罪，然后把明朝使团驱逐出境。就这样，这场和谈闹剧终于露出了马脚。

沈惟敬不敢回国，滞留朝鲜，同时他假造了一道日方的谢恩表派人递交朝廷。结果假冒的谢恩表很快被识破，朝鲜方面传来日本准备再度出兵的消息，明神宗方知上当受骗，大怒，立即把兵部尚书石星打入大牢，并命驻朝明军捉拿沈惟敬，就地正法。沈惟敬以一小小使臣身份，

激怒了中日双方。一场比上次更猛烈的战争爆发了。

日军吸取了上次海军惨败的教训,使用反间计,让朝鲜王廷解除了大将李舜臣的军权,并在战术上采用不宣而战、突然袭击的办法,准备一举击垮防备不足的朝鲜海军。

万历二十五年(1595)七月十五日,装备精良的日本舰队,偷袭了停泊在漆川岛的朝鲜海军得手。壬辰之役中日本的安宅船不是朝鲜龟甲船的对手,此次日本海军装备了改良过的巨型铁甲船。当时是双方协议停战期间,朝鲜海军以为日本的舰队运船,结果突然遭受袭击。朝鲜海军猝不及防,结果战船几乎全部被日本舰队击沉击毁,海军统帅元均中炮击身亡。

清除了朝鲜海军之后,丰臣秀吉正式下令进攻朝鲜。日军共14万人(其中海军约3万余人)兵分两路,开始在朝鲜境内侵略。这时明军马上参战,第一批到达朝鲜战场的明军约3万余人,主要是负责帮助朝鲜军队进行防御。等到总督邢玠率领的4万大军一到,明军和朝鲜军再由战略防御转入战略反攻。上次在援朝战争中立下赫赫战功的李如松此时正与辽东鞑靼作战,无暇分身。

开始日军的攻势是十分顺利的,连续攻克了泗川、南海、光州等地。明军副总兵杨元率领3000明军和3000朝鲜军虽死守南原,但最终还是

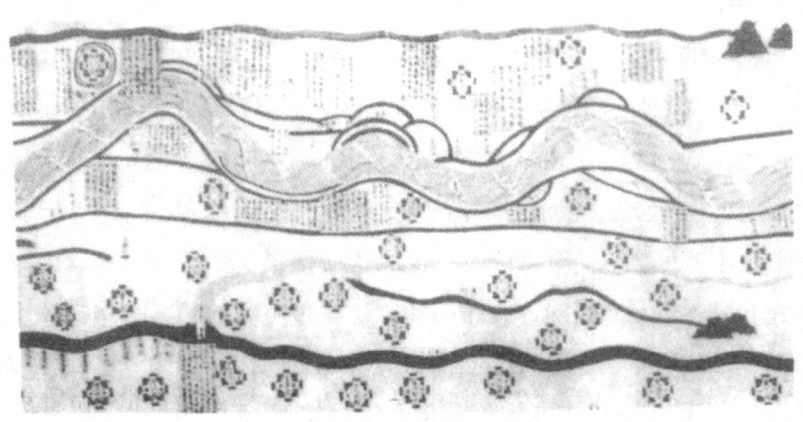

明·潘季驯·河防一览图卷

被日军攻破，杨元英勇阵亡。这时全州的守将陈愚忠，因南原失陷，自己也是独木难支，这样就让日军兵不血刃地攻克了全州。随后日军气焰更加嚣张，连续攻陷黄石山、金州、公州等地，很快兵临汉城城下，朝鲜局势再度危急。

幸好此时明军的后续部队及时赶到，大败日本战国名将黑田掌政。同时攻打青山的日军，也陷入了参将彭友德率领的中朝联军的包围之中，死伤惨重。这时海上也是捷报频传，重新启用的大将李舜臣临危受命，重整水师。他团结抗日将士，惩办怕死官员，又吸收忠勇的农民参加水师，在不到一个月的时间内，在残余的 12 只战船和一百多名水兵的基础上，又重新组建了一支骁勇善战的强大水师。他率领这支水师利用天时地利，巧布铁索阵，在鸣梁海峡诱敌深入，以 12 艘龟甲船击沉 30 多艘日船，击毙击伤日军 4000 多人，致使丰臣秀吉的如意算盘又落空了。

日军开始退守，建筑营垒工事，伺机反扑，战争局势一时进入胶着状态。

明军在外作战，胶着状态对其不利，于是计划实施蔚山战役。万历二十五年（1597）十一月，明军分兵三路，总计 3 万余人，进攻蔚山。而日本加藤清正率部 6000 人在蔚山城和蔚山南部的岛山据险扎营，严阵以待。

开始进攻十分顺利，但很快进入僵持状态。随后几日，明军久攻不下，减员非常严重，而战况没有任何进展。这时日本援军 5 万人陆续赶到，战场形势立刻发生变化，明军被迫由攻势转为守势。在种种不利的情况下，明军统帅部决定撤军。在日本援军的追击下，明朝军队撤军失控，阵营大乱，结果导致明军、朝鲜军一路死伤无数，血流成河。不过日军也元气大伤，双方暂时都无力再战。

日军虽然解除了蔚山之围，但却无力恢复早期的进攻态势，而日军内部军心开始浮动，主张撤退的呼声日渐高涨，而且日军在海上的优势已经消失，虽占据着一些海上据点，但从长期来看，日军无法守住这些

沿海要塞。

蔚山之战虽让明军遭受重创，但主力部队并没有伤筋动骨，很快恢复了元气。对蔚山之败负有责任的指挥官均遭到了处分，现在由兵部侍郎邢玠掌握明军的军事指挥大权。在蔚山兵败八个月之后，邢玠计划对日军发起第二次攻击。

万历二十六年（1598）九月，邢玠开始实施第二次攻击，水陆协同作战，同时对沿海日军各处要塞施加压力，促使敌各处守军以及海军不敢贸然出击，不能互相支援，而后各个击破，避免蔚山兵败的教训。此次联军总兵力空前壮大，达到8万人左右。

这场战斗中，明朝军队虽然没有取得决定性的胜利，却成功扭转了形势。此时的战况对日军十分不利。日军盘踞的几处据点全被孤立，互相不能支援，面对联军8万以上的兵力也丝毫没有办法，只好苦苦寻求转机。海上李舜臣的海军力量也得以恢复了。大明水师也出动了数百艘战船，13000余水军，海上的军事力量对比也开始倾向于联军。

前方战事不利，让远在日本的丰臣秀吉日夜忧叹。内外交困的丰臣秀吉在万历二十七年（1599）八月十八日郁郁而终，结束了他那波澜壮阔的一生，一代霸主终于离开了人世。九月五日，五大老以丰臣秀吉名义，指示在朝各军，"争取最体面的议和"。

其实日本军队早已无心再战，丰臣秀吉的死，彻底打消了日本军队的斗志。实际上日军当时已经完全无力再次占领朝鲜，自保都成了问题。日军驻顺天之小西行长部第二军于万历二十六年(1598)十一月十一日起开始撤退，然后驻泗川、南海、固城之日军，依次到巨济岛集结，候船回国，而中朝联军则在海上展开围剿，日军死伤以万计，联军也付出了相当大的代价。李舜臣、邓子龙皆战死。此后，日军退回日本，朝鲜半岛残余日军也基本被消灭。不久，明军全部撤出朝鲜。

几年以后，利玛窦曾经的学生徐光启果然考取了进士，来到北京成为了翰林院学士。在传教士那里，徐光启近一步接触到一些西方近代的科学知识。利玛窦带来的三棱镜、自鸣钟、日晷仪、《万国舆地图》等，引起了他对自然科学的浓厚兴趣。渐渐地，他发现传教士所传播的学问宏观方面可以探寻宇宙的奥秘；微观方面则研究了物质运行的道理，而这些是历来尊崇儒家学说的中国学术所没有的。基于这样的认识，徐光启的思想发生了很大转变。他放弃了自己原来非常喜欢也非常擅长的诗词、歌赋、书法，转而研习他认为对经国济世更有用的天文、历法、数学、军事、工艺、农田、水利等方面的知识。

一次徐光启到利玛窦那儿去学习的时候，利玛窦跟他谈起，西方有一本数学著作叫《几何原本》，是古代希腊数学家欧几里德写的一本重要著作。可惜自己一个人无力将它翻译成汉语。徐光启下定了决心，不管怎样困难，也要把它翻译出来。

徐光启像

从此以后，徐光启上午在翰林院值班，下午就赶到利玛窦那儿，跟利玛窦一起翻译《几何原本》，由利玛窦给徐光启讲述，徐光启负责笔译。那时候，还没有人译过国外数学著作，要用科学准确的语言把原作翻译出来并不容易。就这样一边学习一边翻译，徐光启花了一年多的时间，逐字逐句地反复推敲，再三修改，终于把《几何原本》前六卷翻译完成。

五、放眼望世界

万历皇帝虽然贪图享乐，懒于处理朝政，但他的眼界十分开阔，并不固步自封。他在位期间鼓励西方传教士传播西学，提倡士人们修习西方数理知识，支持新的科技（比如西式火器和西式水利）用于国家建设，使中国开始认识并了解近现代科技。中国近代科学的先驱者——徐光启就是这一时期的代表人物。

中国古代学术不重视实践，所以中国古代著名科学家大都地位低微，不能参与管理国家。唯独徐光启官职最高，入阁拜相，参预机务，同时徐光启也是最早学习、介绍西方先进科学技术的高级官员，徐光启在中国科学技术史上，有着举足轻重的地位。

嘉靖四十一年（1562），徐光启在松江府上海县（今上海市）出生。当时上海仅是个

明神宗像

3 小时读懂明朝

小县城,四面农田环绕。徐家是个介于商业与农业之间的普通家庭。徐光启的父亲知识很渊博,史书上说他博识强记,对于阴阳、医术、星相、天文等方面都有所了解,而徐光启的母亲则是一位勤劳善良的妇女,她操持家务,每天从早到晚纺织耕田,无论寒暑都不停歇。父亲精通商业,母亲又具备中国劳动人民的优秀品质,这可以说对徐光启日后重农兵、尚实践产生了深远的影响。

徐光启长大以后,决心考取功名,准备参加科举考试。当他路过南京的时候,听说有一位欧洲来的传教士利玛窦正在那里传教,介绍西方的科学知识给大家,南京当地读书人都喜欢跟利玛窦结交。徐光启也很好奇,很想去跟利玛窦一起学习,后来经过别人介绍,认识了利玛窦。他听利玛窦讲的科学道理,感到耳目一新,跟以前自己在古书上学的大不相同,一个崭新的世界展现在徐光启面前,于是他对西方科学产生了浓厚的兴趣。

其实利玛窦传播科学知识的主要目的还是为了传教的方便。他发现要扩大传教影响力,只有得到中国皇帝的支持才能推广。当时,明朝的惯例是不允许教士到北京传教的。利玛窦通过地方大臣在明神宗面前禀明了自己的意图,得到了皇帝的允许,于是他来到了北京,通过宦官马堂的帮助,送给明神宗圣经、圣母图,还有几只新式的钟表。

明神宗当然看不懂圣经,对圣母是什么人也不感兴趣,但是对新式自鸣钟,倒感觉很新奇好玩,就让马堂把利玛窦带进宫来。在明神宗接见利玛窦的时候,利玛窦详细向神宗皇帝介绍了欧洲的风土人情。原本利玛窦是意大利人,为了显示自己地位非同一般,就随口把自己说成来自"大西洋国"。明神宗命人查万国地图,结果却找不到什么"大西洋国",这就让大臣们怀疑起利玛窦的身份,上奏要明神宗把他撵走。但是明神宗也不以为意,反而赏赐给利玛窦一些财物,允许他留在京城传教。有了皇帝的支持,利玛窦和朝廷官员的关系得到缓和,接触就很方便了。

3 小时读懂明朝

在翻译完《几何原本》之后,徐光启开始致力于介绍西方科学著作。他和利玛窦,连同另一个西方传教士熊三拔合作,翻译了测量、水利方面的科学著作《同文算指》、《泰西水法》、《测量法义》等书。在翻译西书的同时,徐光启努力做到知行合一,把自己学到的知识用于实践。当时明代采用的《大统历》实际还是元代《授时历》的继续,而且没有及时修订,至此时已非常粗疏,很多天象的预报都因为历法的原因而出现错误,当初刘伯温预测降雨失败就是这个原因,这已经成为很严重的问题。徐光启在研究我国古代历法的基础上,融合了当时欧洲在天文方面的最新科学知识,对天文历法的研究,达到了很先进的水平。

徐光启不但爱好科学,还十分关心民间疾苦,致力于把科学技术应用于生产实践。父亲去世那年,徐光启回到上海守丧。恰好那年夏天,江南遭到一场水灾,大水把田地都淹了。水退之后,农田颗粒无收,农民们心急如焚。徐光启为这事夜不能寐,他想,如果不补种点别的庄稼,来年春天必定口粮断绝。恰巧在这个时候,他的一个朋友从福建带来了一批甘薯的秧苗。徐光启觉得这是个好办法,马上在荒地上开始试种起甘薯来,很快就获得了成功,甘薯长得一片葱绿,十分茂盛。后来为了推广种甘薯,他特地编了一本小册子。原本只在福建沿海种植的甘薯就移植到了江浙一带,造福了百姓。

徐光启同时还非常注重发展军事,他认为"富国必以本业(即农业),强国必以正兵",提出练兵的主张。明神宗也意识到边防的隐患,很快批准了他的请求。万历四十八年(1620)二月,徐光启受命在通州、昌平等地督练新军。在此期间,他撰写了《选练百字诀》、《选练条格》、《练艺条格》、《束伍条格》、《形名条格》、《火攻要略》、《制火药法》等书。这些"条格"实际上是徐光启撰写的各种条令和法典。其中《选练百字诀》和《选练条格》等,体现了徐光启的务实精神。虽然他满怀希望,想尽快练好新兵,加强国防,但是万历后期朝廷各个部门已经腐败透了,虽然练兵衙门成立了一个月,徐光启却始

终得不到支持,要人没人,要饷没饷,闲得没事干。后来好不容易领到部分军饷,赶到了通州,检阅了新招来的七千多新兵,却发现大多是老弱残兵,能够勉强达到标准的不过两千人,更说不上精选,没有

明·徐光启《农政全书》书影

丝毫战斗力。这让徐光启大失所望,一怒之下请求辞职。

万历四十八年(1620),明神宗死去,他的儿子明光宗朱常洛不久也病死,神宗的孙子朱由校即位,这就是明熹宗。此时后金的威胁越来越严重,徐光启只身回到京城,又竭力向皇帝说明要多造西洋大炮,巩固国防,而当时的兵部尚书却不以为然,两人矛盾逐渐加深,徐光启被排挤出朝廷。

已经60多岁的徐光启回到了故乡上海,重新致力于农业科学研究。回到自己的田地上,他亲自参加劳动,做一些试验。后来,他写成了一部著作,叫作《农政全书》。《农政全书》是徐光启在对前人农书和有关农业著作进行系统摘编记述的基础上,加上自己的研究成果和心得体会撰写而成的。徐光启提出了自己的观点,他认为农业不仅是个技术问题、经济问题,更是个政治问题。在《农政全书》中,重点阐述了有关开垦、水利、荒政这样一些不同寻常的内容,它们占了全书近半的篇幅,这是前代农书所不具备的。同时徐光启也没有因为强调政治而忽视技术,相反,他还根据自己多年从事农业的经验,极大地丰富了农业技术内容。书中对棉花、甘薯等栽培技术的总结,都是先前农书中所没有的。

3 小时读懂明朝

在这本书里，对我国的农具、土壤、水利、施肥、选种、嫁接等农业技术，都有详细的记载，是我国古代的一部农业百科全书。本着"着古制以明今用"的目的，对以前农业书籍内容或指出其错误，或补充其不足。比如，徐光启对我国历史上从春秋到元朝所记载的111次蝗灾发生的时间和地点进行分析，发现了蝗灾发生的时间和空间规律。他还对蝗虫的生活史进行了细致的观察，并提出了防治办法。如此先进独到的科学见解，在书中随处可见。后人在评价《农政全书》时，用了"杂采众家，兼出独见"八个字来概括全书的特点。

中国历史上宦官干预朝政的时期，权臣和太监结成同盟的例子并不多见，但是张居正和太监冯宝一唱一和，在太后的支持下主宰了万历初期的朝政。张居正位居一人之下万人之上，大结同党，排除异己，终于轰轰烈烈完成了他的改革。他确实是一代名臣，但称不上一代贤臣，毕竟他的很多做法为后人所诟病。但试想一下，如果张居正是个地地道道的君子，两袖清风，不朋不党，是否能完成他的改革理想呢？

万历前期，中国的封建社会发展到了一个前所未有的高峰。正所谓日中则移，物极必反，万历中后期明朝统治崩溃的速度也同样让人震惊。而更为有趣的是，这一时期君主的地位已经开始发生了微妙的变化，在明初太祖、成祖那样高度君主专政的中央集权时代，君权高度压制相权，而万历神宗年代，更多地行使国家权力的则是相权，皇帝在一定程度上已经被架空。这和当时西方新兴资产阶级对封建统治不满，要求削弱君权的情形有几分相似。

相关链接

张居正小传

张居正(1525~1582),字叔大,号太岳,湖广江陵(今湖北荆州)人,又称张江陵,明代政治家、改革家,是明朝文臣,因其巨大的历史功绩而被后世誉为"宰相之杰"。

张居正嘉靖二十六年(1547)为进士,由编修官升至侍讲学士领翰林事,隆庆元年(1567)任吏部左侍郎兼东阁大学士,隆庆时与高拱并为宰辅,为吏部尚书、建极殿大学士。万历初年,与宦官冯保合谋,逐高拱,代为首辅。当时神宗年幼,一切军政大事均由张居正主持裁决。他荣登首辅之后,理政十年,整顿吏治,刷新颓风;整肃教育,延揽济世之才;清查田地,推行一条鞭法;革新税赋,梳理财政;用名将戚继光、李成梁等练兵,加强北部边防,整饬边镇防务;用潘季驯主持浚治黄淮,颇有成效。他拯朱明王朝将倾之厦,使万历时期成为明王朝最为富庶的时代。

张居正万历十年(1582)卒,赠上柱国,谥文忠,但隆葬归天之际,即遭人非议之时。死后不久即被宦官张诚及守旧官僚所攻讦,结果家产尽抄,爵封皆夺,祸连八旬老母,罪及子孙,到天启时才恢复名誉。

他的主要著作有《张太岳集》、《书经直解》等。

天子胡闹，宦官专权，此时明朝的统治已经病入膏肓。

第五章
后期的衰落

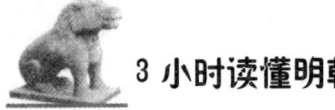

一、明末后宫三疑案

明朝到万历皇帝后期，已经没有了当初万历中兴的盛世，国力衰败。关外努尔哈赤领导的女真部落已经开始崛起，极大地威胁着明朝的统治，而这时朝廷上下却不思进取，在北京后宫内围绕着皇帝宝座的争夺闹得不可开交。此时发生了三大疑案，这三个案子恰好分别发生在万历皇帝和儿子光宗朱常洛及他的孙子熹宗朱由校三个皇帝在位期间，这著名的三大疑案就是"梃击案"、"红丸案"和"移宫案"。

梃击案

首先来说"梃击案"，"梃击"就是用棍棒殴打的意思。此案还要从明神宗在设立储君的问题上和大臣之间的争执说起。万历皇帝是明朝所有皇帝中在位时间最长的一个，共在位48年。他的正宫王皇后出自名门且十分贤惠，只是膝下无子。封建社会中有"有嫡立嫡，无嫡立长"的原则。既然王皇后没有为万历皇帝生下嫡子，那么作为皇长子的朱常洛的优越性是显而易见的，可是朱常洛却丝毫没有这种感觉。

朱常洛的生母姓王，本来仅是皇太后身边的一名宫女，在美女如云的皇宫之中，姿色平庸的她没有丝毫引人注意之处。可是这名普通的女子，在一个偶然的机会得到了皇帝的垂怜。万历九年(1581)，万历皇帝照例来到后宫探望太后，洗手时，突然觉得端水宫女的一双小手玲珑剔透，于是一时兴起，就临幸了这位宫女。事后万历皇帝却发现和自己春风一度的女人相貌平常，不由得有几分后悔，不过既然生米煮成了熟饭，也只能如此了。很快万历皇帝就将这件事情淡忘下来，再也没有临幸过这个宫女，但珠胎暗合，这个宫女生下了万历皇帝的长子朱常洛。

虽然母以子贵，万历皇帝把这个宫女封为了恭妃，但皇帝打心眼里不喜欢王恭妃，甚至把他们的儿子朱常洛视为奇耻大辱的种子，简直视若路人。至于朱常洛是否享受到皇长子所应有的待遇，以及是否受到皇长子应受到的教育，他都不闻不问，任其自生自灭。他很快宠爱起郑妃来，郑妃妩媚动人而且善解人意，后来郑氏生了朱常洵后，朱常洛的处境更艰难了。郑氏一生下朱常洵，马上册封为贵妃。万历皇帝偏爱幼子的态度立刻被朝廷那些善于见风使舵的势利小人所觉察，对于朱常洵，他们像众星捧月一样，问寒问暖，无微不至，生怕侍候不周；对于朱常洛，却是视而不见，朱常洛的皇子府到了门可罗雀的程度。除了皇太后和生母王恭妃，简直没有一个人想到这位皇长子。

由于万历皇帝的偏爱，使立太子储位遇到了很大困难。虽然立太子自古以来就有"立长不立幼"的规矩，要立最年长的儿子为太子，朱常洛理所当然的是立皇太子的唯一人选，但现在万历皇帝不喜欢大儿子，却喜欢三儿子。大臣们和太后团结一致的压力，使万历皇帝很无奈，只好把立太子的事先拖着，毕竟自己还年富力强，以后应该

明·邢玠夫妇像

会有转机。

满朝大臣却不这么认为，不立太子则江山不稳，万一皇帝有个三长两短，到时候就要天下大乱。于是，大臣们纷纷上书要求立长子朱常洛为东宫太子，否则如果出现几个皇子争夺皇位的局面，那局面就无法收拾了。而此时万历皇帝和郑贵妃如胶似漆，后宫的势利小人们立刻迎合皇帝立朱常洵做太子的心意，开始推波助澜。他们一方面鼓动郑贵妃出面争太子名位，同时开始向外散布，万历皇帝和郑贵妃私下盟过誓，说万历皇帝保证要想方设法立朱常洵为太子，并且把自己的许诺装在玉盒里，这就是当时造成了轰动的"玉盒之约"。朝廷的大臣们听到这个传言，加上万历皇帝对保举朱常洛的奏章毫不在意的态度，使他们觉得事态极为严重，认为这不是空穴来风，但又对皇帝无计可施，只好找太后想办法。

一次万历皇帝进宫给皇太后请安，太后当面质问他为什么还不册立长子为太子。万历不以为然地回答道："他是宫女的儿子。"太后本身也是宫女出身，听了立刻火冒三丈，严厉地斥责了他。由于太后的强硬态度，万历皇帝"废长立爱"的念头有所收敛，却迁怒到朱常洛身上，结果朱常洛的日子过得更加艰苦。万历皇帝把内阁首辅申时行召进宫中，说道："大臣们不要纷纷扬扬议论立太子的事，这离间了父子之间的感情，所有关于此奏章全部扣下，如果明年不再有人谈论此事，那么我后年就册立朱常洛为太子，否则，就等到皇长子15岁以后再来讨论这件事。"

直到万历二十一年（1593），在众大臣的争取之下，万历皇帝才迫不得已地安排已经12岁的朱常洛接受教育，一切按照东宫太子讲学规格进行。朱常洛很珍惜这个来之不易的机会，他深知父皇对他必定多有刁难，所以更加小心谨慎，以免出现什么差错。果然，神宗对常洛的要求异常苛刻。按照历代惯例，皇子的"经筵"、"日讲"以一天的上午9点至11点开始即可，而且可以因天气状况做出调整，而朱常洛却必须从每天

早上3点到5点就开始,无论刮风下雨都不得间断。冬天天寒地冻,神宗却常常故意不给予取暖设备等用具。朱常洛默默忍受了这一切。他学习十分认真,展现出了自己的才华。讲官们称赞年幼的皇长子勤于苦读,聪颖不凡。守正的大臣们听说了更为高兴,便更加坚定了"立长"的正确。神宗得知以后,也不禁追忆起自己童年随张居正等大臣预教时的情景,不由得心中一软,废长立幼的想法开始有所动摇。又过了7年,朱常洛终于被册立为太子,他的几个弟弟也同日受封为王。此后不久,朱常洛又举行大婚,终于坐稳了储位,但是他和父皇的关系却始终没能得到改善。万历三十三年(1605)十一月,朱常洛的选侍壬氏生下皇长孙朱由校,神宗得知后并不十分欢喜,给兴奋得有点失态的朱常洛泼了一瓢凉水。这让他开始明白自己始终无法让父皇满意,太子之位还很不稳固,而更大的危险,则在于以郑贵妃为首的反对势力,一心想让三弟福王取代他而为太子。

一天,太子居住的慈庆宫外忽然传来了一声惨叫,随后又是一阵喊打撕扭声。原来一个中年汉子手拿木棍要闯入慈庆宫。由于太子不得皇上宠爱,慈庆宫的防卫就很松懈,整个宫门只有内侍李鉴一独自把守。这个汉子见人就打,一棒打倒了李鉴一后,就一直往里闯,眼看就要闯进了太子的居所,幸好李鉴一大声呼救引来大批卫士,众人七手八脚将这个中年汉子制服,捆绑起来,押在大牢里。

光天化日之下居然有人手拿凶器私闯太子宫。万历皇帝知道后大为恼火,立即命令刑部官员严刑拷问,决心非要审个水落石出不可。开始这汉子满口胡言乱语,让人以为他是个疯子。审判官一怒之下命令酷刑拷打,终于,汉子坚持不住只得招供实情。原来此人真名叫张五儿,是个市井无赖,每天游手好闲。这次闯慈庆宫当然不是他胆大妄为,而是被太监庞保、刘成两人收买才大胆为之。

张五儿的供词引起朝野上下的一片震惊,庞保和刘成都是郑贵妃宫里的心腹太监,看来这次"梃击案"显然是和郑贵妃有关了。万历皇帝

也是龙颜大怒，他知道郑贵妃想谋害太子，而让亲生儿子当太子的企图，已是昭然若揭。举朝上下指责郑贵妃一家是此案的主谋，要求查办。万历皇帝马上来到郑贵妃宫中，拿着张五儿的供词怒气冲天地给郑贵妃看。郑贵妃一看阴谋败露，心慌意乱，连忙跪倒磕头赔罪，泪水早就流了下来。万历皇帝虽然十分生气，但她毕竟是自己心爱的宠妃，况且立太子一事本来也觉得有愧于她，实在不忍心处分她，但此案事出有因，干系太大，神宗也没办法，只好对她说："到了这个地步，朕也不便硬保你，你还是去找太子，让他帮你解除嫌疑吧！"

郑贵妃没有办法，只好屈尊去慈庆宫，硬着头皮向太子求情。她一看见太子，跪倒便拜，大声痛哭自己冤枉。这倒把朱常洛弄得不知所措，也忙跪了下来。郑贵妃拜罢，请求太子救她。朱常洛生性怯弱，见平日不可一世的郑贵妃这副样子，不由得心软了。本身他也不想闹得满城风雨，想此案能早点有个了结，同时神宗也在给自己施加压力，要他亲自给大臣们一个交代。于是，朱常洛马上命伴读内侍王安连夜代他起草令旨，希望大臣们别再纠缠不清，同时启奏皇上，希望能够尽早结案，不要再牵涉到无辜。

既然作为受害人的太子提出不再追究，大臣们也都无话可说了。神宗的顾虑已全部消除，马上在辍朝25年之后重新上朝，亲自了断此案。同年五月二十九日神宗下令，将凶手张五儿处死。不久，太监庞保、刘成在宫中被秘密杖死，其他涉案的相关人犯被发配边地。神宗和郑贵妃了却了一桩心事，朱常洛的表现也让他们满意。"梃击案"之后，朱常洛的太子地位总算彻底稳固了。现在神宗开始对他另眼相看，生活待遇大为好转。郑贵妃废太子不成，知道自己已无力阻止朱常洛继承帝位，心中十分恐慌，想起自己以前多有得罪，为了将来不遭报复，现在只能加倍讨好，经常以美女、珠宝相赠。这时朱常洛的地位今非昔比，再也不受压抑、冷遇了，所到之处众人无不巴结讨好，顿时踌躇满志起来，以往所受的屈辱全抛在九霄云外，生活作风由每日节俭勤奋，变成了恣

意放纵，每天沉溺于酒色，打算要把30多年亏欠的荣华全都弥补回来。

红丸案

万历四十八年(1620)七月，明神宗朱翊钧重病卧床不起，半个月的时间里饮食不进，只能靠药物维持生命，到了七月二十一日，终于一命归西。明光宗朱常洛继位，年号泰昌，是明代第14位皇帝。朱常洛登基时也快40岁了，而且他只当了一个月的皇帝就死了。他的过早死亡引发了明代后宫的又一谜案——"红丸案"。

朱常洛坐稳太子之位后就自觉高枕无忧，开始享乐无度，导致身体虚弱，但他却不顾身体健康，依然花天酒地。尤其他的原配郭氏病死之后，更加没有了约束，每天都有无数美女陪伴在身边，因此在登上皇位之前身体就早已虚弱不堪了，所以在登基大典上脸色苍白，浑身微颤，只能勉强支撑到仪式结束。

明光宗像

虽然贪图女色，朱常洛还是很有才干的。当太子期间，对于万历末年的弊政看得十分清楚，因此，他上台后在群臣的支持下，马上着手进行了几方面的改革：

首先是他罢矿税使。他以传谕神宗遗诏的方式，下令撤除了全国境内的矿监、税使，停止任何形式的征用。这矿税早为

3 小时读懂明朝

人们所深恶痛绝，所以诏书一颁，减轻了百姓负担，朝野欢腾。

随后他又整顿了边防。他下令从大内银库调拨 200 万两银子作为军饷，发给辽东经略熊廷弼用来犒赏军士，而且特别强调银子到达后要立刻派人下发，要专款专用，不得擅自入库挪作他用。这下提高了军队士气，稳定了边防。

然后又马上改革吏制，提拔了一批官员。朱常洛即位之初，内阁已经有名无实，只剩下方从哲一人，其余官职缺口很多。他立即任命吏部右侍郎史继偕、南京礼部侍郎沈深信为内阁大学士，重新起用了因为"立储"上书获罪的王德完等 33 人和为矿税等事获罪的几十人，将空缺的官职都充满了额数。一时间又让人感到矫枉过正，又造成了前所未有的官满为患，人浮于事。

同年九月，也就是朱常洛当皇帝一个月左右的时间，上朝回来后，感觉自己登基后局面安定，特别高兴，就命人在内廷摆开筵席。酒席一直热闹到深夜，他又趁高兴连续临幸数女。半夜里他忽然开始肚子疼、拉稀，而且头痛，当夜就一下病倒了，而第二天是光宗 39 岁生日，也只好传免。直到第三天才命太医崔文升进宫，这时病情已经耽误。崔文升草草诊断了一番，用了一剂泻药。光宗服下不久便觉不适，一夜之间竟腹泻了三四十次，身体顿时衰弱到了极点。这时宫中乱成一片，急召内阁首辅方从哲入宫。方从哲对光宗说，鸿胪寺官员李可灼要进呈一种仙药，自称能治百病，只是不敢轻信。朱常洛这时病急乱投医，宣李可灼进殿献药。李可灼马上给光宗服了一枚红色药丸，就是所谓的"红丸"。也别说，第二天光宗果然精神倍增，红光满面，病竟然好了大半。他十分高兴，大大称赞了李可灼的忠心，同时让他再献一颗以巩固疗效。当晚朱常洛吃完第二颗红丸后，却感觉到疼痛难忍，五更时分，内侍急召诸大臣入见最后一面。九月初一的凌晨，这位年仅 39 岁，登基仅 30 天的皇帝就撒手归西了。皇帝为什么会忽然暴病死去，他的死因与"红丸"有何关系？谁也说不清楚，这个"红丸案"也就成为一个千古之谜。

移宫案

明光宗一死，他16岁的皇子朱由校登上皇位，这就是明熹宗，明代第15位皇帝，在位7年，年号天启。他登基之初就发生了著名的"移宫案"。

由于光宗在位仅一个月，光宗的正妃郭妃又早早病死，没有正宫皇后，却留下了一个祸害李选侍。这个女人跟郑贵妃臭味相投，整天琢磨着怎么将皇后位子弄到手。郑贵妃也对皇太后的位子垂涎已久，两个这样的女人凑在了一起，互相配合，在光宗面前软磨硬泡，一心要将封号得到。即使在光宗病危的那几天，她们也没有停止过。现在光宗驾崩，朱由校登基，李选侍就把目标瞄准了皇太后，每天在乾清宫中哭哭啼啼求着小皇帝，要求小皇帝封她为太后。

李选侍确实能讨朱常洛的欢心，以前在东宫时地位就比其他人高，受宠惯了，平时也就霸道，经常和其他选侍发生些争执。朱由校的生母王氏在选侍中名分最高，看不惯李选侍的飞扬跋扈，两人经常口角相拌。李选侍仗着宠爱，竟敢动手打王氏。朱由校14岁时王氏病死，朱常洛请示神宗后让李选侍照管由校。次子朱由检（后来的明思宗）的母亲死后，也由李选侍照管，这种情况一直持续到光宗驾崩。

明熹宗像

3 小时读懂明朝

朱常洛死前，传旨内阁大臣方从哲和吏部尚书周嘉谟及科道杨涟等人入宫。谁知，这几个人没到宫中，光宗就驾崩了，没能见到光宗最后一面。杨涟说："皇上晏驾，嗣君年幼，又没有亲生母亲在身旁，万一有所变故，我们就是天下罪人了。我们只好强行闯进宫去，拥皇长子为帝，召群臣立刻来朝见，这样才能安定天下。"大家都认为只有这样办了。

大臣商议妥当，就由杨涟带头闯宫。太监乱棍齐下，不让大臣们进去，杨涟义正词严地说道："我们是皇上临终前召见的，现在皇上驾崩，嗣君年幼，你们阻止大臣入宫扶保幼主是何居心？"太监被杨涟的气势吓倒，杨涟随即带领群臣进了宫门。大臣们马上来到乾清宫，哭倒在光宗的灵前。磕头完毕，杨涟请皇长子朱由校接受群臣朝见。此时，朱由校正被李选侍拦在西暖阁内，内阁大臣刘一燝大呼道："皇长子应当在先帝灵前即位，现在在哪？"原东宫侍奉老太监王安走来，告诉刘一燝说："皇长子为李选侍所匿。"刘一燝大声吼道："谁如此大胆，敢匿新天子！"于是，王安代表诸大臣，前去索要皇长子。他正言厉色向李选侍说明了现在的情况，以不容违背的口气要求皇长子马上出见群臣。李选侍没见过这种场面，一时间慌了手脚，就在迟疑之际，王安立刻抱起朱由校就往外跑。刘一燝、杨涟等人见到朱由校，立即跪倒高呼"万岁"。大臣们见事不宜迟，马上拥着朱由校上了步辇。这时，赶来的李选侍慌忙上前拽朱由校的衣服，杨涟一把将其推开，高喝道："殿下是天下之主，群臣之君，谁敢阻拦！"大家连拖带拉将朱由校拥入文华殿，接受了群臣礼拜，首先朱由校即东宫太子之位，然后在九月初六登基。

九月初六顺利举行了登基大典。明熹宗朱由校登上皇帝之位，群臣欢呼。朱由校在高高的龙椅上看到了杨涟在几天内满头黑发和须眉都变成了白色，这实在是心力交瘁所致。熹宗非常为之感动，连连称赞他为"忠臣"。朱由校的即位，是东林党人的巨大胜利。

李选侍一心想当皇太后，当初密谋挟持朱由校失败，现在还是不肯

124

死心，自认为抚养熹宗有功，理所当然应成为太后，于是在乾清宫中哭哭啼啼拖着小皇帝，定要小皇帝封她为太后。乾清宫是皇帝的寝宫，现在李选侍却依仗是先帝的妃子呆在乾清宫中不走。熹宗才16岁也缺乏主见，他不想封李选侍，但看在她曾经养育自己的情分上又下不了决心，但李选侍总赖在乾清宫里也不成体统，一时间不知如何是好。太监王安代表大臣们向熹宗请求下诏，逼迫李选侍搬出乾清宫。小皇帝沉思了一阵，答应了这个请求。圣旨的威力毕竟是一言九鼎，李选侍被迫带着自己所生的公主，灰溜溜地搬出了乾清宫，被安排在宫女住的宫里，从此再也没有出头之日了，这就是明史上的"移宫案"。

二、权倾朝野的魏忠贤

明熹宗继位时年仅 16 岁，年少不爱读书，按现在的标准说就是处于文盲状态，更谈不上治理国家的经验。不过他身体健康，特别喜欢户外活动，兴趣广泛，最喜欢手工艺和建筑。特别是他有一手极好的木工活，善于制造漆器、砚床、梳匣等精巧器具，尤其在雕刻上有极高的造诣。他的作品以五彩着色，非常精美，栩栩如生。在做工上，他对自己严格要求，仔细完成一件作品后，往往先是欣喜，然后又觉得哪里有些不满意，随后将其丢掉重做，直到做出满意作品为止，常常一干就是一天，没有丝毫厌倦。有时宦官拿着大臣们急切的奏疏来呈奏，却见皇帝正忙于"工作"，不愿意让烦人的政事打断他的"工作"，就让识字宦官朗诵奏疏内容和大学士所拟的批语，然后对秉笔太监王体乾说："我都知道了，你们去好好处理吧。"结果皇帝裁决政事的大权便落到了一些宦官手中。

明熹宗挖空心思做出许多精美的器物，但是放在皇宫里没什么用处。他自己也不知道应该如何处理，只是一味地做，乐此不疲。有时他让宦官拿到市上去卖，其实他并不缺钱，也不像万历皇帝那样贪财，只是想知道自己的作品能否得到别人的认可。熹宗的作品的确非常精致，在市场上能够卖到很高的价钱。一次他让小太监拿着自己刚做好的"护灯小屏八幅"和雕刻的"寒雀争梅戏"出去卖，叮嘱道："御制之物，价须一万。"第二天，小太监果然如数把钱交上，熹宗非常高兴。

3 小时读懂明朝

当初在熹宗即位前后发生的移宫案件中,李选侍有一个叫李进忠的心腹太监发挥了很大作用。他究竟是一个什么样的人呢?此人本是万历年间河北肃宁的一名游手好闲的无赖,为人狡猾奸诈。一天,他到赌场赌钱输个净光,情急之下夺路而逃,结果被债主赶到街上,一顿拳打脚踢,扒光衣服当众羞辱一番。李进忠又羞又恨,觉得在家乡混不下去了,索性回家自己动手阉割,只身进了北京,投靠了太监魏朝。李进忠厨艺高超,进宫后给熹宗的生母王才人当厨子,王才人死去后拨派去服侍李选侍。李进忠知道李选侍得宠于皇帝,加倍巴结讨好,很快就得到李选侍的信任,成了她的心腹和帮凶。

"移宫案"之后,李选侍失势被打入冷宫,李进忠只好改换了姓名,冒姓魏,改名忠贤。其实熹宗年幼时,魏忠贤给王才人当过厨子,服侍熹宗四处玩耍,熹宗念及旧情没有对以前的事加以追究,并且任命魏忠贤做了典膳,留在皇帝左右。

这个魏忠贤可不像名字所叫的那样既忠又贤,但溜须拍马却是他的拿手好戏。他打听到皇帝很听奶妈客氏的话,就千方百计讨好客氏。只要是奶妈的话,皇帝都一一照办,所以魏忠贤又很快得到了皇帝的信任。宫里太监最有权的部门是司礼监,司礼监中最有权力的又是秉笔太监,这秉笔太监可以替皇帝起草诏书,加上当今皇帝懒于理会朝政,秉笔太监简直可以一手遮天。魏忠贤对这个位子垂涎已久,一番苦功总算没白费,在客氏的言语蛊惑下,皇帝在继位不久就任命了魏忠贤为司礼监秉

魏大中(东林党)绝命书

笔太监。顿时魏忠贤春风得意，权倾朝野。

　　魏忠贤虽然是无赖出身，但他很有心计，大权在手后并没有马上开始胡作非为，而是处处小心谨慎，因为他明白大权是皇帝给的，眼前的首要问题是要稳固自己目前的地位，只有把小皇帝掌握住了，自己才能要风得风，要雨得雨。他命令爪牙们四处寻找奇珍异宝、精巧的玩具献给小皇帝，这很快让熹宗更信任于他，眉开眼笑称赞魏忠贤的忠心。不仅让他代替自己全权处理奏章，还让他掌管最大的特务机构——东厂。魏忠贤的声势如日中天，自然有势利小人马上迎合拍马，朝廷上许多文臣武将、地方上的官员都纷纷投靠了魏忠贤，结成了派系。许多厚颜无耻之徒还拜魏忠贤为干爹，一时间魏忠贤义子众多，号称"五虎"、"五彪"。他这个"干爹"当然也不亏待这些干儿子们，而且他的确需要这么一批效忠于他的爪牙来巩固自己的势力。很快他利用手中职权，将"五虎"、"五彪"等人暗中派遣到朝廷和地方上的高级职位。这就形成了以魏忠贤为首的一个"阉党"，完全把持了朝政，把皇帝架空了。

　　一次，有个善于阿谀奉承的官员把魏忠贤称为"九千岁"。魏忠贤听了以后，当即重赏了这个官员，既然皇帝称为万岁，九千岁比万岁还差点。正说明现在除了皇帝，天下就数魏忠贤最大嘛！这代表了魏忠贤"一人之下，万人之上"的地位啊。九千岁的称号一下子传遍全国，连老百姓都知道有一个只比皇帝小一点的九千岁。

　　看见官员叫"九千岁"受重赏，许多势利的官员也绞尽脑汁、挖空心思来想办法讨好魏忠贤。浙江巡抚在西湖边上造了一座魏忠贤的生祠。祠堂历代都是纪念先辈才修的，而魏忠贤还好端端地活着就开始受人供奉。生祠供着一座魏忠贤的塑像，每天香烟缭绕，大小官员们都逐个行礼叩拜，这当然令魏忠贤更加高兴了。这个讨好的方法立即被其他地方官员借鉴，一时间全国各地都建起了魏忠贤的生祠，劳民伤财，百姓怨声载道。

　　魏忠贤领导的特务机构东厂更是一个残酷凶恶的机构，他自然知道自己的胡作非为必遭天下人怨恨,就利用东厂的特殊势力,派出许多密探在全国各地刺探消息,不断向他报告有谁说了不敬他的话,有谁干了反对他的事,四处捕风捉影,逮捕了许多人。这些无辜的人都被关在东厂大牢里,那里阴森恐怖,打手、爪牙一个个像凶神恶煞一样,只要抓进去就是严刑拷打,根本就不可能活着出来。东厂在魏忠贤手下就像一个人间地狱。

但哪里有压迫,哪里就有反抗。世上的人总是有忠有奸,奸臣当道的时候才能彰显不怕死、坚贞不屈的忠臣本色。像魏忠贤这样黑暗的专权者早就引起了老百姓的不满,在朝廷上也有好些忧国忧民的忠臣冒死上书,痛斥魏忠贤的罪行,特别是东林党人,冒死与魏忠贤一伙展开斗争。

魏忠贤祠

三、忧国忧民的东林党

万历后期，皇帝和士大夫之间的矛盾逐步激化。吏部文选司郎中顾宪成，因为正直敢谏，得罪了明神宗，被撤了职。他回到了家乡无锡，决定从事讲学活动，同时宣扬他的政治主张，于是和几个志同道合的朋友一起在东门外东林书院讲学。他们为了激励人们关心国家大事，热诚报国，就贴了这样一副对联在东林书院门口："风声、雨声、读书声，声声入耳；家事、国事、天下事，事事关心。"

附近的读书人纷纷响应，都赶到无锡来听他讲学，一座本来就不大的东林书院总是座无虚席。顾宪成深刻认识到朝廷的黑暗，经常抨击朝政，还批评了很多当政的大臣，在讲学的时候经常触及社会现实问题，议论如何改变政治腐败、民不聊生的状况。听过讲学的人群情激奋，决心以拯救天下为己任，京城很多正直大臣也都支持他。很快东林书院名声远播，一些被批评的官僚

东林书院旧迹

权贵却对顾宪成恨得咬牙切齿，把那些支持东林书院的人称作"东林党人"。

明熹宗即位时发生的"移宫案"中，支持东林党的大臣们立下大功，在朝中担任了比较重要的职位，其中以杨涟和左光斗最为著名，他们都是大明王朝的栋梁之臣。这一年，朝廷派左光斗到京城附近视察，同时监督科举考试。

当时天寒地冻，北风呼呼地刮，天上飘着鹅毛大雪，左光斗喝了几杯酒后，忽然起了踏雪寻梅的雅兴，便带着几个随从，策马郊外去欣赏雪景，不知不觉走到了一座古寺前。左光斗见环境十分幽静，决定到里面去休息一下。

他们进了古寺，发现一个书生睡在走廊边的小房间里，桌上还放着几卷文稿。左光斗拿起桌上的文稿细细看了起来，发现文章不但字迹清秀，而且文辞精彩，针砭时弊，很有见地。左光斗不禁大为赞赏，顿生爱才之心。忽然想到，外面正下大雪，天气严寒，这个书生穿得如此单薄，睡着了很容易受风寒，就毫不犹豫地把自己的披风解下来，轻轻地盖在那个书生身上，然后他悄然退出门外，把门掩上，让随从向寺里和尚打听，知道那书生名叫史可法，刚刚来到京城赶考。左光斗把这个名字暗暗记住。

考试当日，左光斗果然见到了那天在寺里熟睡的书生。左光斗接过他的试卷，读了一遍他的文章，果然是气势磅礴，掷地有声，当场把史可法评为第一名。

考试过后，左光斗在自己的府邸接见了史可法，勉励了一番，热忱地期盼他能为国为民做出贡献，又把他带到后堂，见过左夫人。他当着左夫人的面夸奖说："我家几个孩子都是平庸之辈，将来全靠你来继承我的事业了。"

从此以后，史可法成为了左光斗的门生，建立了亲密的师生关系。史可法家境贫寒，左光斗要他住进官府里，经常亲自指点他读书。有时

3 小时读懂明朝

左光斗一直到深更半夜才能处理完公事,但还是不顾疲倦,跑到史可法的房间里,一起兴高采烈地讨论起学问来,睡意全无。

明熹宗昏庸透顶,根本无心政事,而左光斗和杨涟一心一意想整顿朝政,权倾朝野的魏忠贤成为他们要铲除的目标。不少干尽了坏事的官僚投靠魏忠贤,结成一伙,这一集团被东林党人斥为"阉党"。

东林党和阉党之间斗争激烈,杨涟对魏忠贤一伙的胡作非为气愤不过,就写了一份奏章,揭发了魏忠贤二十四大罪状,获得左光斗等正直大臣的联名支持。杨涟在上疏中揭露了魏忠贤最初以小忠小信获皇帝的恩宠,如今却以大奸大恶扰乱朝政。其主要罪状有:魏忠贤擅权后,破坏了明朝建立 200 多年的"祖制";反对他的大臣尽遭降斥;残害了许多秉性贞静、不肯附己的嫔妃;执掌东厂,扰民不已;对魏家子侄滥加封赏,连刚出生的小儿也封侯赐爵;魏忠贤出外仪仗等同于皇帝;在宫内练兵,招纳亡命之徒,巩固自己的势力等。这些罪状,很多大臣因害怕牵连而不敢揭发,再加上皇帝奶妈客氏为他掩饰,居然蒙蔽了皇帝。杨涟进一步指出,魏忠贤篡权已经达到了"朝廷之中,但知有忠贤,不知有陛下;都城之内,亦但知有忠贤,不知有陛下"的地步。大臣们坚决要求严惩魏忠贤,以正国法,并且把和魏忠贤串通一气的客氏赶出宫去,这样才能消除隐患。这下一石激起千层浪,天启五年(1625),魏忠贤和他的阉党马上勾结起来攻击杨涟、左光斗等东林党人,罗织罪状。魏忠贤用皇帝名义,下旨逮捕东林党人杨涟、左光斗、袁化中、魏大中、周朝瑞、顾大章(时称六君子)。

左光斗被捕以后,史可法不知如何是好。他每天从早到晚,徘徊在牢门外,想找机会探望老师,可阉党为了防止走漏风声,把左光斗严加看管,不让任何人探望。任凭阉党怎样拷打,左光斗在牢里,始终都不肯屈服,每天破口大骂阉党扰乱朝政。史可法听说老师快被折磨至死,不顾自己会受到株连的危险,拿了 50 两银子买通了狱卒,只求见老师最后一面。

当天晚上，史可法穿上破烂的短衣，扮成捡粪人的样子，由狱卒带领着进了牢监。等史可法来到关押左光斗的牢房时，见到左光斗倒在角落里，遍体鳞伤，脸已烧得面目全非，左腿已经腐烂得露出白骨。史可法见了心中剧痛，跪在老师面前，抱住左光斗烂掉的腿，痛哭了起来。

左光斗满脸是伤，早已双目失明，但他还是从哭泣声里听出史可法的声音。他拼尽全力举起手，怒火满面，低声骂道："蠢材！国事已糟到这步田地，你还来这里干什么？我已是将死之人，再没有一点用处了，而你却还不顾死活地跑进来，万一被他们发现，将来事业要去依靠谁啊？"

史可法还是一时忍不住抽泣。左光斗狠心地说："再不走，要你这样的废物有什么用。我现在就干脆收拾了你，省得奸人动手。"说着，他真的摸起身边的镣铐，做出要砸过来的样子。史可法只好忍住悲痛，不敢再说话，从牢里退了出来。

几天之后，左光斗和杨涟等终于被魏忠贤杀害。史可法花钱通过关系，把左光斗的尸体安葬。他想起牢里的情景，总是情不自禁落下眼泪说："我老师的心肠，真是铁石铸成的啊！"左光斗想的不是自己，而是国家大事，他知道自己即将死去，从而热切期望史可法继承他的志业，为支撑天下而奋斗。

阉党的倒行逆施早已激起了天下人的愤慨，苏州人民反对逮捕东林党人，与东厂展开了激烈的斗争。为首的颜佩韦、杨念如、沈扬、马杰、周文元等五义士，他们被反动统治者诬为"倡乱"，惨遭杀害。马杰在行刑前慷慨陈词："大丈夫如果只是老病而死，不过是和草木一起腐烂而已。今天我们为恶党所害，却必定名留青史。"说完慷慨就义。

五义士遇害后不到一年的时间，魏忠贤就垮台了，苏州人民把他们的遗体合葬在虎丘山下，地点就选择在被拆毁的魏贼生祠的废址上。墓碑题名"五人墓"，墓门石坊的横匾上写着"义风千古"四个大字。

四、熹宗之死

明熹宗生性喜欢游玩,一次划船落水受了风寒,加上平日游戏胡闹,身体大不如前,常常闹些毛病。本来20出头,身体是不应当如此虚弱的,朱由校却不知什么原因日益虚弱起来,脸和身上都出现了浮肿,很快就病倒了,而且十分的严重,惧热怕冷,经常高烧,全身浮肿也更加厉害,脸色黄里透青,说话也没有力气,严重厌食。这下忙坏了御医们,也吓坏了魏忠贤一伙,生怕失去皇帝这座大靠山。本来皇帝的饭食是由魏忠贤、客氏、王体乾、李永贞四家轮流置办,不吃尚膳监的饭。四家为讨皇帝的高兴,饭菜一个比一个精美,尤其是客氏所做的御膳更是精美绝伦,最受皇帝喜爱,被皇帝称为"老太家膳"。如今圣上病倒了,四家更努力在吃上下工夫,想补一下他虚弱的身体。阉党分子霍维华乘机进献"仙方灵露饮",其法用银锅蒸馏五谷,取其精华制为饮料,甘甜异常。最初皇帝喝后觉得很好,但喝了几天也就没有兴趣了。到了天启六年(1626)七月,熹宗的病明显恶化。客、魏二人心中焦愁,生怕他们依靠的大靠山倒塌。本来以为皇帝年纪轻,身体好,获得一世尊荣是不成问题的,但年轻的君王暴病,眼看要命归天府,这的确令他们惶惶不可终日。此时京师四处传出魏忠贤欲谋篡位的谣言,一传十,十传百,满城风雨。人们都担心狼子野心的魏忠贤要谋朝篡位,皇后张氏更是焦虑。

张皇后出身书香门第，天启元年(1621)时选为皇后，与熹宗完婚后，双方感情还算融洽，但是两人的性格悬殊，天长日久不免产生摩擦。由校好动爱玩，不懂得自己的职责，张氏却生性安静，深明大义。对客氏、魏忠贤横行霸道、乱国乱政，心中十分气愤。

客氏也很担心张氏控制了皇帝，所以处处对张皇后严加提防，双方矛盾逐渐激化。客氏原本是熹宗的奶妈，常在宫内大摆威风，以由校的母亲自居，根本不把后宫嫔妃看在眼里。她对熹宗的态度非常微妙，既像母亲对于儿子，又像少妇对于情人，强烈的嫉妒心使她不能容忍任何女人占据皇帝的心，所以客氏和魏忠贤联手，大肆对后宫嫔妃加以迫害。天启三年(1623)，张皇后怀了身孕，客氏暗中将张皇后宫中下人换成她的心腹。一天，一个宫女给张皇后捶背时用劲过猛造成流产。其他妃子生育的孩子也被客氏暗中害死。虽然熹宗嫔妃如云，但

马皇后像

他并不好色，晚上喜欢看戏到深夜，然后一觉到大天亮。客氏暗中限制了他与嫔妃接触，所以没有子嗣留下。而熹宗自己也还是个孩子，一门心思全在玩乐上，对有没有儿子也不在意，而张皇后对由校子嗣问题却是很焦急。

现在皇上的重病和外间的流言蜚语让张皇后忧心忡忡，一旦皇帝驾崩，那么皇位的继承就成了问题。这时张皇后想到了熹宗的异母弟弟信

3 小时读懂明朝

王朱由检。既然熹宗无子,信王又是他唯一的弟弟,按照"兄终弟继"的原则,信王是皇位当然的继承人,而且信王当时已经成年,比熹宗即位时的年龄还大。信王为人沉毅冷静、通情达理、深明大义,素有贤名,这张皇后也是知道的。她虽然被熹宗冷落,但毕竟是后宫之主。如果朱由校未留下遗嘱就突然死去,她是可以用中宫的名义发布关于继承人的谕旨的,但一切还是在熹宗活着时就确定才名正言顺。

自生病以后熹宗也开始反思自己的一生,对张皇后态度逐渐好转,皇后因此可以经常陪伴在他的床边。八月初,张氏对熹宗提起了信王,说信王素有贤德,又是陛下唯一的弟弟,如果宫中有变,可以托付大事给他,熹宗表示同意。到八月八九日间,皇帝病情加重,魏忠贤派人时刻守在宫殿内外以防不测。由于防范太严,张皇后劝熹宗召见信王未成。十一日,魏忠贤放松了警惕,张皇后借这个机会,传旨召进了信王。

信王来到乾清宫,见到哥哥已经全身浮肿,奄奄一息,非常难过。熹宗勉强打起精神托付道:"我弟将来要成为尧舜一样贤明的君主,你要好好照顾你的嫂子。"又说:"魏忠贤、王体乾全是大忠臣,可以信赖,应该得到重用。"信王只是跪在地上叩头不敢回声。接见结束后,张皇后又反复叮嘱他多加保重,随时为事态的变化做好准备。很快,熹宗和祖先明武宗一样,浑浑噩噩地走完20余年的人生历程,只有召见信王并确定其为继位人这件事情,算是明智的,而至死他对客氏、魏忠贤的眷顾也丝毫未变。天启七年(1627)八月二十二日下午,统治天下7年,将大明江山糟蹋得千疮百孔的朱由校撒手离开了尘世,时年23岁。

朱常洛太子之位朝不保夕,更没人关心他的长子朱由校的教育问题,让朱由校自由地生长。当时宫内正大兴土木,修建宫殿,这位无学可上的皇长孙,整天在宫殿上看匠人盖房子,后来就对建筑木工产生了浓厚兴

趣。中国历代皇帝中不乏才思敏捷之辈,不论他们的治国才能如何,但他们中的很多人是有很深造诣的艺术家。纵观历史,我们可以发现音乐家唐玄宗李隆基、书画大师宋徽宗赵佶、杰出词人南唐后主李煜,当然还有技艺高超的手工艺大师朱由校。帝王之位,许多人争得头破血流,死于非命。但很多愿意专心于艺术的人却没有选择余地,被拥上了皇位。命运的选择有时就是这么无奈。

朱由校未必是中国历史上最昏庸的皇帝,但魏忠贤却绝对是中国历史上权势最盛的宦官。一般人是在幼年时由家人做主净身,而他是在已经娶妻生女的22岁盛年,毅然自阉。这个事实,反映出这个人的性格中确实有某种敢做敢为的不凡素质。一个连字也不认识的平民,最后居然爬到了封建统治的最高层,这不由得引发了我们对中国几千年的封建体制和中华文化的一些深层次思考。

明代以八股文取士,读书人切磋文章经常尊师交友,而后成党结社成风,而文化发达的江浙一带尤其如此。万历天启年间,阉党扰乱朝政,血腥镇压东林党人,自内阁六部至四方总督、巡抚,都有人甘当魏忠贤的走狗。

当时的文士张溥等人痛感时局黑暗,政治败坏,于是联络四方人士,主张"兴复古学,将使异日者务为有用",因名曰"复社"。复社的主要活动虽然还是揣摩八股,切磋学问,但又带有浓烈的政治色彩,以东林后继

3 小时读懂明朝

自居。代表着"吴江大姓"等江南地主、商人的利益，又与这一带市民阶层的斗争相呼应，因而具有相当广泛的基础，性质上和西方早期资产阶级政党接近。它的成员主要是青年文士，先后共计有2255人之多，声势遍及海内。该社集会时，衣冠盈路，一城出观，社会影响极大，而且复社中很多成员后来都考取了功名，出仕为官。许多文武将吏及朝中士大夫、学校中生员，都自称是张溥门下，一时间因声势过于浩大而被朝廷下严旨察治。幸有周延儒出任大学士，此案才未酿成大狱。

清兵入关前后，复社成员有所分化。周钟参加了李自成的大顺政权，并为李自成起草登基诏书。清兵南下时，很多江南复社成员积极展开斗争。南明亡后，一些著名的复社成员又遁迹山林，其中顾炎武、黄宗羲等总结明亡教训，专心著书，成为著名思想家。

复社成员虽然是以文学的名义创建，但他们在文学方面主张复古，并无特别创见，而他们身在阶级矛盾和民族矛盾都十分尖锐的时代，更关心实际的政治斗争，所以作品中更注重反映社会生活，具有强烈的现实主义倾向，成就了一批颇有成就的文学家。诗词方面造诣较高的有吴伟业、陈子龙等人。复社成员在社会经学方面也有成就。入清以后，顾炎武、黄宗羲等继续倡导"经世致用之学"，关心和研究社会问题，开创了清代学术研究的新风。

励精图治,却无力回天。自认为不是亡国之君的朱由检吊死煤山。

第六章
明朝的灭亡

一、铲除国奸

其实朱由检对于天命降临早有准备。虽然父亲生有五子,但长大成人的只有朱由校和朱由检一双兄弟。熹宗朱由校虽然嫔妃成群,但因年纪较小还没有子嗣。天启七年(1627)八月熹宗驾崩,客氏和魏忠贤一伙也在紧锣密鼓地密谋篡位,但由于名不正、言不顺,他们始终不敢轻举妄动。皇位的唯一继承人朱由检顺利登基,改年号崇祯,谥思宗(南明谥思宗,后改毅宗)。他哥哥临死还没有意识到自己用人不当的过失,嘱咐朱由检要重用魏忠贤、王体乾等人。

崇祯刚刚即位,人心不稳,但他早已决心铲除客氏和魏忠贤这些祸国殃民的害人精,只是目前还不能表露出来。魏忠贤的爪牙、江西巡抚杨邦再次上疏请求为魏忠贤等建祠颂德,其目的也是在试探新君。崇祯帝阅读奏疏并没有立即表态,只是随手将奏折放在一旁,一笑而过。皇帝的一举一动都在魏忠贤掌握之中,他看崇祯对自己态度冷漠,马上假惺惺地上书,请求免建生祠。崇祯顺水推舟地说道:

明思宗像

"建不建祠颂德,舆论自然会去评说。魏爱卿不居功自傲,果然大有谦逊勤勉的美德。朕也不好违背魏卿家的心意,建祠的事暂且缓上一缓吧!"为防止魏忠贤狗急跳墙,崇祯只是顺水推舟避免了与他正面冲突,不但对魏忠贤重用如旧,而且赏赐更是接连不断。

崇祯继位后,魏忠贤始终紧张万分,他无时无刻不在窥测崇祯的举动,随时准备根据崇祯的态度决定进退。但是崇祯继位后微波不兴,声色皆无,一切按部就班。这就让魏忠贤无法揣测崇祯内心的真实想法,开始有些放松了警惕,觉得崇祯只是一个软弱的年轻人。

但为摸清新皇帝对自己的真实看法如何,魏忠贤决定开始投石问路。不久他向崇祯提出辞呈,要皇帝批准他辞去东厂厂主,告老还乡。崇祯知道,这是魏忠贤欲擒故纵的伎俩,一旦自己答应了他的请求,皇宫之中将会血雨腥风,国家社稷很可能因此毁于一旦。因此,崇祯决定继续让魏忠贤对自己感觉莫测高深。他不但驳回了魏忠贤的请求,反而更加优待,给魏忠贤的亲戚魏良卿和魏翼鹏颁发铁券证书。

过了一段时间,朝中局面渐渐稳定,和魏忠贤一起狼狈为奸的客氏提出要离开皇宫,毕竟当初客氏留在皇宫中是因为她做过先帝的乳母,现在朱由校已死,她没有理由再住下去。崇祯马上批准了她的请求,而且客氏出宫之后,正是剪除魏忠贤党羽的千载难逢的机会,这样顺水推舟,一切不露痕迹。

在客氏出宫不久,人们发现客氏管理的后宫中,竟然有八名宫女怀孕。一下子人们议论纷纷,有的说这是客氏一家在皇宫如履平地,出现了这样的丑闻,也有人说这是魏忠贤精心策划的。虽然他自己想做皇帝,但中国历史上,从没有一个宦官当皇帝的先例,所以他不敢公然冒天下之大不韪,想用李代桃僵之计,像秦国相父吕不韦一样,有计划地悄然让魏氏子孙取代朱家后裔。不管哪种说法,都犯下了大逆不道的死罪。崇祯下令将客氏、客光(客氏的弟兄)、侯国兴(客氏的儿子)一并处死,又解散了魏忠贤在后宫建立起来的上万人的太监军队,这样魏忠贤的羽翼

3 小时读懂明朝

铲除后,再也没有对皇家构成威胁的武装力量。

崇祯看似理所当然的一系列行动,让朝廷内外的正与邪的力量对比发生了根本性的变化。魏忠贤的死对头东林党人信心更足,他们在崇祯的雷霆手段中看到了中兴的希望,原来进退两难的人停止了向阉党靠拢,趋炎附势的小人们也开始转而讨好皇帝。宦官集团也发生了分化,原来属于外围的人开始从阉党中退了出来,崇祯也乘机在里面安插了自己的力量。

这时阉党的核心人物又惊又怒,但是崇祯的这一系列行动都是水到渠成的结果。从行动本身看根本是大势所趋,事先并无征兆。原来处于孤家寡人境地的崇祯有着无比强大的力量,有整顿朝纲的壮志雄心,他的可怕之处在于老谋深算,谋定而后动。魏忠贤一党为了保留实力,采用了丢卒保车的策略,让手下崔呈秀当替罪羊,以图蒙混过关,但崇祯不为所动,隐而不发,继续等待机会。

到了十月下旬,久被宦官集团压制的下层官员知道皇帝正在搜罗阉党的罪状,纷纷行动起来。工部主事陆澄源上疏揭发崔呈秀,连带出魏忠贤建造生祠扰民的问题。后来,大家开始直接弹劾魏忠贤。贡生钱嘉征上疏将魏忠贤罪行列成十条,即:擅自拟定圣旨,迫害皇后,暗中招兵买马,目无君主,诬蔑圣人,私自侵吞藩封,滥封爵位,扰乱百姓,将守卫边关将士的功劳掩饰不肯上报,控制国家各级官员等,并要求将魏忠贤正法。

崇祯看了奏折,深合心意,就命人念给魏忠贤听。魏忠贤一边听,一边从心里冒凉气。他知道崇祯就要对他下手了,现在他已经没有力量和皇帝对抗,他深深感到崇祯城府极深。于是,他向崇祯告病还乡,希望能安度晚年。这次崇祯没有再客气,立即答应了他的请求,让他马上离开皇宫。魏忠贤刚刚离开北京,崇祯跟着就开始铲除魏忠贤在京城的残余势力。

崇祯自登基开始,就感到这股力量一直在威胁着自己的皇权。现在

142

把他们瓦解之后，崇祯感到无比轻松，他对根除宦官势力已经胸有成竹了。他亲自点了魏忠贤死党的主要人物，令吏部进行追查，随即将魏忠贤的罪行公布天下，废除了魏忠贤安排到全国各地的监军太监，废除了一切魏党集团冒封的官职，没收了魏家的全部财产。十一月六日，魏忠贤在穷途末路的情况下自杀。然后，崇祯御笔判处了244名罪大恶极的魏党分子的死刑，同时为当初受魏忠贤迫害的人平反昭雪，威胁大明江山的祸害终于被彻底铲除。

崇祯八月中旬登基，到十一月中旬肃清阉党，仅仅用了三个月。在这不到百天的时间里，崇祯孤军奋战，大获全胜，显示出卓越的政治手腕。因此，很多人把崇祯看成是大有作为的中兴之主。

然而，崇祯个人已经无法挽救千疮百孔的大明江山。尽管他在即位之初就表现出一往无前、超凡脱俗的才干，但是他也无力回天，统治了200多年的明王朝已气数将尽了。

二、女真部落的崛起

明朝晚期政治腐败,边防松弛,在东北的女真族的一支——建州女真开始趁机扩大势力,逐渐威胁到了中原。建州女真的领袖就是爱新觉罗·努尔哈赤。

努尔哈赤出身建州女真的贵族,他的祖父觉昌安和父亲塔克世,都受过明朝封赏,担任过建州左卫官员。努尔哈赤自小学习骑射,练得一身好武艺,10岁时母亲因病去世。由于继母的虐待,努尔哈赤很小就离家在外,闯荡莽莽林海中,每天打猎、挖人参、采松子、采蘑菇,然后把山货带到抚顺去交易,以此谋生。抚顺是个很大的集市,女真人和汉人交易频繁,努尔哈赤在这里接触了很多汉人,学会了汉语。他特别喜欢读《三国演义》、《水浒》等小说,从里面学会了不少军事策略。

建州女真的各个部落经常攻杀,明朝总兵李成梁利用建州各部力量的均衡来维持统治。努尔哈赤25岁的

努尔哈赤像

时候，土伦城的城主尼堪外兰，带领明军攻打古勒寨城主阿台。阿台的妻子是努尔哈赤的妹妹，而当时努尔哈赤的祖父觉昌安和父亲塔克世正在古勒寨探望孙女，结果都在乱军中被明军杀害。

努尔哈赤非常伤心，决心为祖父和父亲报仇雪恨。但当时他的力量还很弱小，不敢得罪明军，就决心先找尼堪外兰算账。他对明朝官吏说："害死我祖父、父亲的是尼堪外兰，只要你们把尼堪外兰交给我，我也就不追究别人了。"明朝官吏只把他祖父、父亲的遗体交还他，但不肯交出尼堪外兰让他报仇。

努尔哈赤满腔悲愤回到家里，找出了他父亲留下的盔甲，分发给手下将士，自己带领族人攻打土伦城。努尔哈赤英勇善战，很快就把尼堪外兰打得狼狈逃走。努尔哈赤攻占了土伦城，在一路追击尼堪外兰的过程中，趁机又征服了建州女真的其他不少部落。尼堪外兰被逼一直逃到了鄂勒珲（今齐齐哈尔附近）想请求明军保护，努尔哈赤紧追不舍，明军不愿多管闲事，就让努尔哈赤杀了尼堪外兰。

消灭了尼堪外兰后，努尔哈赤成为建州女真势力最大的一支部落，不出几年的时间就统一了建州女真。女真族其他部落也意识到自己可能

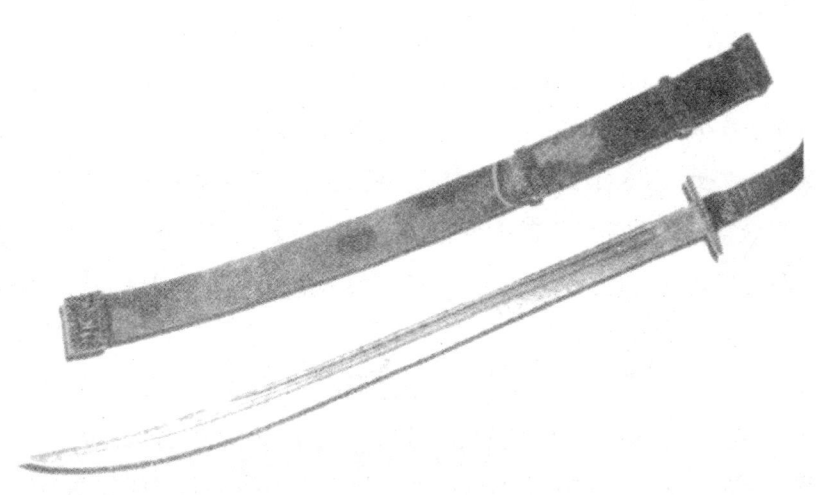

努尔哈赤的宝刀

3 小时读懂明朝

很快会被努尔哈赤吞并。当时的女真族共分三部,分别是建州女真、海西女真和"野人"女真。公元 1593 年,海西女真中最强的叶赫部联合了女真、蒙古等九个部落,共有士兵 3 万,分三路进攻努尔哈赤。

努尔哈赤听到九部联军来攻,从容应战。他在敌军来路上埋伏了精兵,在路旁山岭边安放了滚木石块,一切安排妥当了他就安安稳稳睡起觉来。他的妻子看了很着急,把他推醒,问他:"现在大军压境,你怎么倒睡起觉来,难道你真的害怕啦?"

努尔哈赤笑着说:"如果我害怕,就是想睡也睡不着。"

其实努尔哈赤知道敌兵虽然多,不过是乌合之众,只要占据险要地形,就不会有问题,而且联军一定会互相观望,只要先消灭一两支部队,其他各部肯定会见势逃跑。

努尔哈赤把女真部落重新编制,把女真人分为八个旗,旗既是一个行政单位,又是军事组织。每旗下面又分成牛录,一个牛录 300 人,平时耕田打猎,战时打仗。这样既保证了生产,又增强了战斗的凝聚力。但为了麻痹明朝,他继续每年向明朝进贡称臣,朝廷也觉得努尔哈赤态度恭顺,就封他为龙虎将军。努尔哈赤还多次到北京进贡,其实是为了察看明朝政府的虚实。公元 1616 年,他认为自己的力量已经足以和明朝相抗衡,于是在八旗贵族拥护下,在赫图阿拉(今辽宁新宾附近)即位称汗,国号大金。由于宋朝时期女真部就建立过金国,所以历史上把它称为后金。努尔哈赤建立后金,又花了两年时间来安定统治,发展生产,扩充兵力。公元 1618 年,努尔哈赤见时机成熟,就召集八旗首领和将士誓师,当众宣布跟明朝结下的七件冤仇,叫做"七大恨"。第一条就指责当年明朝无故挑衅,害死了祖父和父亲。为了报仇雪恨,起兵征伐明朝。

努尔哈赤亲自率领 2 万人马攻打抚顺。抚顺守将李永芳原本软弱,一看后金军来势浩荡,没有抵抗就出城投降了。后金军不费一兵一卒就俘获了人口、牲畜 30 万。明朝的辽东巡抚马上派兵反攻抚顺,也被后金军半路上伏击。努尔哈赤命令烧毁抚顺,带着大批战利品退回赫图阿拉。

3 小时读懂明朝

消息一到北京，当时在位的明神宗大怒，决定派杨镐为辽东经略，讨伐后金。杨镐为人刚愎自用，在后来的朝鲜战场上也犯过致命的错误。经过一番紧张的调兵遣将，他集中了 10 万大军。公元 1619 年，杨镐分兵四路，由四个总兵官率领，从三面进攻赫图阿拉。山海关总兵杜松担任中路左翼；辽东总兵李如柏担任中路右翼；北路是开原总兵马林；南路是辽阳总兵刘铤。为了显示明军声势浩大，号称 47 万，杨镐本人坐镇沈阳，指挥全局。

那时候，后金八旗军兵力加起来也才 6 万多，很多后金将士得到情报后开始害怕起来，而努尔哈赤却丝毫不在意，胸有成竹地说道："别管他几路来，我就是一路打。"

通过战报分析，努尔哈赤得知杜松率领的中路左翼是主力，而且最先从抚顺出发，一路打了过来，他就先集中兵力对付杜松。

杜松是一员身经百战的将领，但为人过于骄傲。抚顺出发的时候，天正下着大雪，杜松不管气候恶劣，一心想抢头功，冒雪行军。他很快攻占了萨尔浒（今辽宁抚顺东）山口，然后把手下士兵分为两部分，一半兵力留在萨尔浒扎营，自己带了另一半精兵开始攻打后金的界藩城（今新宾西北）。

后金·兵器

努尔哈赤一看杜松分散了兵力，明显是没把自己放在眼里，不由得心里暗暗高兴。他马上集中八旗的兵力，连夜去偷袭萨尔浒明军大营，截断了杜松后路，马上又急行军援救界藩。正在攻打界藩的明军，得知后路被抄，军心动摇，现在又被后金军两面夹击，顿时被杀得七零八落。努尔哈赤率领大军把明军团团包围。杜松率领部队想要冲杀突围，不幸被飞箭射死。明军的先锋人马很快就覆灭了。

北路马林从开原出兵，部队刚走到距萨尔浒还有40里的地方，得知了杜松全军覆没的消息，胆小的马林急忙转攻为守，就地依山势安营扎垒，还挖了三层壕沟，防备敌人的骑兵冲锋，但没等防御修好，努尔哈赤率领八旗兵力从界藩杀了过来，明军营垒被攻破。马林没命似的逃回了开原，第二路明军又被打散了。

坐镇沈阳的杨镐还等着各路明军的捷报，不想一连两天接到的竟是两路人马覆灭的消息，惊得目瞪口呆的他这才知道努尔哈赤用兵如神，连忙派快马传令另外两路明军立刻停止进攻。

中路右翼的辽东总兵李如柏行动迟缓，接到杨镐命令后马上开始撤退。山上巡逻的20来名后金哨兵见明军撤退，就虚张声势，让明军兵士以为大批后金追兵已经赶到，明军开始争先恐后地溃逃，结果人马自相踩踏，损伤不少。

而南路军刘铤同样是立功心切，早已深入后金军腹地，没能收到杨镐发出停止进军的命令。刘铤当时是著名的猛将，善使用120斤的大关刀，有万夫不挡之勇，人称"刘大刀"。刘铤治军严明，武器火药也很充足。进入后金阵地以后，接连取得几场局部胜利。

努尔哈赤知道刘铤骁勇，避免与其正面对决。他安排了一个投降过来的明军士兵，让他冒充杜松的信使，送信给刘铤，说杜松军已经兵临赫图阿拉城下，只等刘铤军两军合围攻城。

刘铤还不知道杜松军已经覆灭，信以为真。他立即下令火速进军，准备联合杜松一起攻城。这时途经一段险路，兵马只能单列通过。刘铤

全军进入险路后，忽然杀声四起，后金伏兵漫山遍野地向明军杀来。刘𬘩一时无措，努尔哈赤安排了一支后金兵穿着明军衣甲，打着明军旗帜，装成杜松军前来接应。刘𬘩果然没有怀疑，

萨尔浒大战的明军铁炮

全部人马随着假明军进入了设好的包围圈里，结果后金军里应外合，四面夹击，将明军全歼。刘𬘩虽然英勇，挥舞大刀，多次杀退了敌人的进攻，但终究寡不敌众，英勇战死。

短短五天之内，杨镐率领的10万明军损失过半，大小将官死亡超过300多人，这就是历史上著名的"萨尔浒之战"。此战后，明朝再也无力攻打后金。两年后，努尔哈赤又率领八旗大军，攻占了辽东的重要据点沈阳和辽阳。

后金天命十年（1625）三月，努尔哈赤正式迁都沈阳，沈阳改称盛京。从此以后，后金就成为明朝边防最大的威胁。

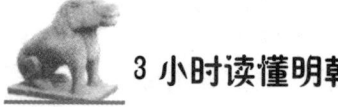

三、抵御后金，自毁长城

崇祯登基之前，内有魏忠贤等一干阉党扰乱朝政，外有努尔哈赤大军横行在辽东。就在内忧外患的紧要关头，一个年轻的将领挺身而出，向上请命，要求镇守辽东，这个人就是袁崇焕。他详细研究了关内外的形势，向兵部尚书孙承宗承诺道："只要给我人马军饷，我定能确保辽东万无一失。"

明朝历来重文轻武，一些朝廷大臣见后金攻势如潮，早已吓破了胆，听袁崇焕自告奋勇，马上表示赞成。明熹宗批准给袁崇焕20万饷银，要他负责督率关外的军事。

关外百战之地，一片荒凉，遍地都是战死士兵的白骨，袁崇焕出关后不顾风雪，连夜赶到了宁远（今辽宁兴城），在那里他收容难民，修筑工事，苦练精兵。他身先士卒，很让士兵们钦佩。袁崇焕深知后金骑兵勇猛，明军正面对抗十分吃亏，于是他总结了"凭坚城以用大炮"的作战方针，在宁远筑起三丈二尺高、二丈宽的城墙，装备了各种新式火枪、火炮，同时向孙承宗申请将几支人马分驻在宁远附近的锦州、松山等地方，作为支援。

袁崇焕深受军民的爱戴，宁远的防守又是固若金汤，让关外各地的商人闻讯赶来，寻求庇护。辽东的危机得到了缓解。

就在孙承宗、袁崇焕守卫辽东局面的形势一片大好的情况下，孙承

宗却因为得罪了魏忠贤而被迫离职。

孙承宗遭排挤之后，魏忠贤安排了同党高第指挥辽东军事。高第胆小无能，一上任就要求各路明军全部撤进山海关内，放弃关外的防守。袁崇焕坚决反对撤兵，不肯舍弃刚刚建稳的立足之地，高第一再坚持让袁崇焕放弃宁远。袁崇焕气愤地说："我的职责是防守宁远，要死也死在那里，决不后撤。"

高第便放弃了袁崇焕，让他保留部分明军继续镇守宁远，关外其他地区的明军，都要在限期内撤退到关内。这道命令仓促执行了，各地守军准备不足，匆匆忙忙地退兵，丢弃了很多军粮和防御工事。

努尔哈赤看到明军主力撤退，认为宁远孤军独木难支，后金天命十一年（1626），他亲自率领13万大军，渡过辽河，攻打宁远。

此时守在宁远周围几个据点的明军都已经撤走，宁远只有守兵1万，处境十分危险，但是袁崇焕毫无惧色。他咬破了手指，写了一份誓死抗金的血书给将士们看，激励大家背水一战。将士们也热血沸腾，发誓要跟后金军血战到底。

袁崇焕下命令让城外百姓带了全部粮食撤进城里，把城外的民房烧掉，不给后金军队留下粮食和掩体。同时城内紧急戒严，所属官员各自安排好任务，有的管军粮供应，有的清查内奸，袁崇焕同时传书给山海关的明军守将，如果发现宁远逃回关内的官兵，要他们就地处决。这几道命令一下，宁远人心安定，大家一心一意守城杀敌。

几天之后，努尔哈赤率领后金军气势汹汹杀到了宁远城下。大批后金士兵头顶盾牌，开始攻城。虽然明军的箭石、炮火打退了敌人无数次进攻，但是后金军前仆后继，一直保持强大攻势。战争进入关键阶段，这时袁崇焕下令动用早就准备好的大炮，向后金军猛烈发射。炮声响处，后金士兵被轰得血肉横飞，后金军被迫后撤。

第二天，努尔哈赤亲自督战，集中兵力开始攻城。袁崇焕登上城楼瞭望台，沉着冷静地监视后金军的行动。直等到后金军冲到城墙之下，

3 小时读懂明朝

他才命令炮手向后金军密集的地方发炮。这下后金军伤亡惨重，连在后面督战的努尔哈赤也身受重伤，后金军只好全军撤退。

袁崇焕见敌人兵败如山倒，立即乘胜追击，杀出城外 30 里，歼灭敌人无数。努尔哈赤受了重伤，回到沈阳，回想自己从军以来，战无不胜，攻无不克，如今却在小小的宁远城遭受重创。他心中又气又恨，结果伤势恶化，拖了几天之后就咽了气。他的第八个儿子皇太极接替他成为后金之主。

努尔哈赤死后，袁崇焕为打探敌人的意图，特地派使者到沈阳去吊丧。皇太极城府极深，因为后金刚打败仗，需要休养生息，同时也要试探明朝的意图，所以热情接待了袁崇焕的使者，回派了使者到宁远去进行答谢。双方表面和颜悦色下来，背地里却剑拔弩张开始准备下回合的战斗。

到了第二年，皇太极重整军队，亲率部属攻打明军。后金军分兵三

山海关

路，包围了锦州城。袁崇焕知道皇太极的真正目标是宁远，所以还是自己亲自镇守在宁远，让部将带领4000骑兵援救锦州。果然援兵刚刚准备出发，皇太极已调头攻打宁远。袁崇焕指挥若定，亲自到城头上督率将士守城，仍旧依靠大炮猛轰后金军，城外赶来的明军援军也和城里内外夹击，后金军再次一败涂地。

皇太极只好又把人马撤到锦州，但锦州的明军已经利用这段时间做好了准备，守得严严实实，这时天气转暖，道路难行，后金军士气低落，皇太极只好退兵。

明代山海关铁炮

袁崇焕再次取得大胜，但魏忠贤阉党马上把功劳据为己有，反而责怪袁崇焕没有亲自救锦州。袁崇焕见朝廷如此昏庸腐败，只好辞职回乡。

明思宗朱由检执政后，魏忠贤一党被铲除，袁崇焕得到重新起用。崇祯帝非常器重袁崇焕，提拔他为兵部尚书，负责指挥整个河北及辽东的军事。崇祯帝召见了袁崇焕，询问他是否有信心整顿辽东边防。袁崇焕自信地说："只要给我指挥权，朝廷各部一致配合，不出五年，一定能恢复辽东。"

崇祯帝听了以后非常高兴，御赐给袁崇焕一口尚方宝剑，准许他便宜行事，先斩后奏。

袁崇焕踌躇满志地回到宁远，放开手脚选拔将才，整顿队伍，严明军纪，提高了部队战斗力。东江总兵毛文龙自高自大，几次作战失败却谎报军功，而且轻慢袁崇焕的指挥。袁崇焕立即用御赐的尚方宝剑，把

3 小时读懂明朝

毛文龙斩首示众。

辽东防卫坚固，让皇太极一筹莫展，几次兵败之后，他明白袁崇焕负责防卫的宁远、锦州再无可乘之机，于是就改变了进攻路线，准备直接入侵中原。后金天聪三年（1629）十月，皇太极率领几十万后金军，从龙井关、大安口（今河北遵化北）进入河北境内，直接把矛头对准了明朝都城——北京。

袁崇焕没想到后金军有此一招，马上出兵拦截，想在半路上把后金军拦住，但是已经迟了一步。此时北京四周防务空虚，后金军势如破竹，一直杀到了北京郊外。袁崇焕竭尽全力追赶救援，明军连续两天两夜急行军，到了北京，马上投入到与后金军激烈的战斗之中。这时其他各路明军也陆续赶到，北京转危为安。

后金军打到北京城下，引起全城人心惶惶，崇祯帝也大惊失色，不知该怎么办才好，后来袁崇焕救援及时，心中大喜。他再次召见了袁崇焕，大大慰勉了一番，但是朝廷很多大臣对在外拥兵自重的袁崇焕很有看法，魏忠贤的余孽也开始散布谣言，到处宣扬这次后金兵绕道进京，与袁崇焕有莫大干系，暗示袁崇焕可能与后金私通。

崇祯帝自即位以来一直与魏忠贤等人勾心斗角，好不容易坐稳皇位，所以始终疑心重重，不肯信赖别人。现在京城谣言四起，他心中也有所疑虑。这时一个被金兵俘虏去的太监逃了回来，向崇祯帝密告了一个惊人的秘密，说袁崇焕和皇太极已经早有约定，准备将北京献给后金。这

明·太庙

3 小时读懂明朝

袁崇焕像

个消息宛如晴天霹雳，把崇祯帝惊呆了。

其实这是皇太极巧妙设下的反间计，故意让那个太监听到一些后金军高级将领的对话，诬陷袁崇焕，然后再制造出守备不严的假象，让这个太监有机会逃走。皇太极本人和父亲努尔哈赤都很喜欢读《三国演义》，这条计谋就是来自于"群英会蒋干中计，曹操怒斩水师提督蔡瑁、张允"的灵感。

疑心很重的崇祯果然也中了奸计，马上传令命袁崇焕进宫。袁崇焕自然还一切都蒙在鼓里，匆忙进了宫。

一见面崇祯就责问袁崇焕，为何要擅自杀死大将毛文龙，而后金兵已经打到北京，援兵还迟迟不到。袁崇焕见崇祯突然翻脸，不禁愣住了。他刚想进行解释，崇祯帝却不由分说，喝令锦衣卫把袁崇焕捆绑起来，打入天牢。

很多有见识的大臣了解袁崇焕平日忠心为国，认为此事证据不足，不能贸然行事，纷纷劝说崇祯要慎重考虑。

而在多年权力斗争中的崇祯早已习惯了独断专行的作风。他根本不听大臣们的劝告，而一些魏忠贤余党又趁机诬陷，给袁崇焕网罗了不少罪名。到了第二年，崇祯帝终于下令把袁崇焕处死，可惜当时百姓也都被谣言蒙蔽，以为袁崇焕真的是卖国求荣的叛徒，无不恨得咬牙切齿。

皇太极用反间计除掉对手袁崇焕的目的已经达到，便退兵回盛京。从此以后，后金越来越强大，明朝再无将领能与之抗衡。到了后金天聪九年（1635），皇太极下令女真改称满洲。第二年，皇太极在盛京称帝，改国号为清，是为清太宗。

四、义军四起，上吊煤山

明朝自万历末年以来，各种社会矛盾空前激化，突出表现在农民与地主阶级之间的阶级矛盾。在腐朽的封建地主阶级对百姓进行疯狂压榨下，双方矛盾不断激化，全国各地反抗斗争层出不穷，尤其陕西地区更成为农民运动的核心。八百里秦川人口密集，物产富庶，全国的社会矛盾在这里更加集中地体现出来。明朝藩王对这里的农民横征暴敛，农民生活最为困苦。而且陕西地区又是蒙、汉、回民杂居地区，民族斗争复杂，各族人民与明朝统治者的矛盾很大，所以陕西地区成为最早酝酿和爆发农民起义的地区。明朝末年，以陕西为先声，全国各地农民起义、士兵兵变、手工业者罢工不断发生，明朝统治风雨飘摇。

天启七年（1627）三月，时逢陕西大旱，澄城知县张斗耀不顾人民死活，催逼赋税，饥民们被逼上了绝路，白水饥民王二率领着数百个无法活命的农民起义造反，他高声向大家问道："谁敢杀死知县张斗耀？"大家异口同声地说："我敢！"于是饥民们一鼓作气冲进县城，杀死知县，揭开了明末农民起义的序幕。

农民起义的星星之火一旦点燃，马上形成了燎原之势，各地纷纷举兵响应。第二年起义爆发达到顶峰，陕西府谷王嘉胤、汉南王大梁、安塞高迎祥等领导饥民起义，张献忠也在延安米脂起义，当时李自成就在高迎祥军中。在当时力量最强大的是王嘉胤义军，他们攻占了府谷，称王设官，建立了临时政权。但农民起义军过于分散，各自为战，而且成分复杂，彼此之间的争权夺利也很严重，所以在崇祯即位之初并没有动摇明朝根基。

陕西农民起义震惊了明朝上下，统治者打算采用恩威兼施的策略尽快平息农民起义，三边总督杨鹤奉命平息农民叛乱。在明军剿抚兼施下，陕西战场义军或是壮烈牺牲，或是接受了朝廷招安，而且很多反复无常之人时降时叛，

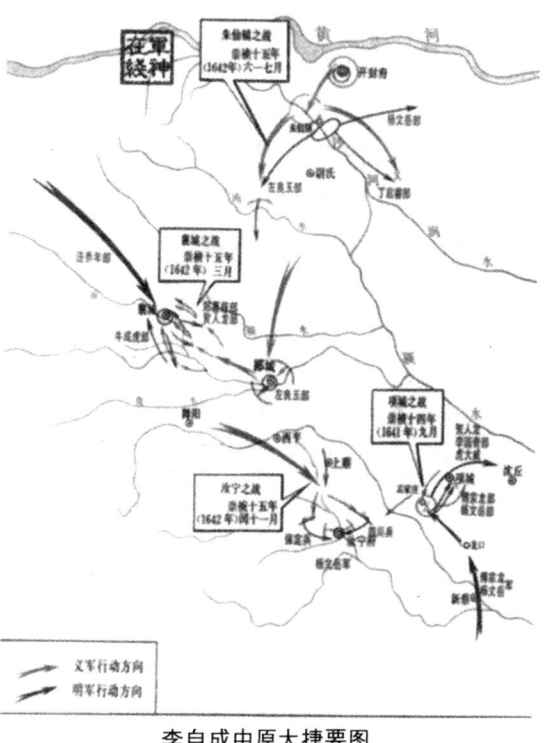

李自成中原大捷要图

局面复杂。为避开明军锋芒，陕西起义军转移到了山西。起义军中最有影响的王嘉胤战死后，其部下王自用联合高迎祥、张献忠、罗汝才等各股力量，号称36营，在山西继续战斗，农民起义军开始协同作战，义军势力壮大，宣告了明朝招抚基本失败。而这时，袁崇焕出关抗御清兵，边防形势好转，崇祯任命洪承畴任三边总督，集中了更大的兵力开始围剿起义军。王自用在崇祯六年（1633）作战牺牲。

起义军在高迎祥领导下与明军展开了激烈战斗，损失惨重，被迫由山西转入河南。明廷调集大军3万余人，在崇祯六年冬天将义军包围在豫北。为了摆脱困境，起义军诈降明廷，使明军停止了进攻。到十月底，黄河结冰，义军遂出其不意溃围而出，南渡黄河进入中原，分道直扑安

徽、湖广、四川。农民起义从局部问题变成了明廷的心腹之患。

为了应对这种形势，崇祯任命延绥巡抚陈奇瑜总督陕西、山西、河南、湖广、四川五省军务，总办剿灭义军军务。崇祯七年(1634)，陈奇瑜集中各路明军在湖北取得局部胜利，又将义军赶回陕西。但是义军在向陕西退却的汉中栈道中，巧妙突破了明军在车厢峡的包围，置死地而后生。崇祯帝恼羞成怒，一怒之下将陈奇瑜下狱治罪，又调回镇守辽东的洪承畴接任五省总督。义军再次返回中原，很快打下朱元璋的老家凤阳，掘了朱家的祖坟。

凤阳的失陷让皇家丢尽了脸面，崇祯帝在群臣面前痛哭流涕，感到自己实在是愧对列祖列宗。他亲赴太庙祭告祖宗，希望能得到祖先原谅，同时发布《罪己诏》，向天下承认自己的罪责。同时他严令吏、兵二部追查凤阳失陷的原因，凤阳巡抚杨一鹏被逮捕处死，大批官员受到株连。随后，明廷从各地拼凑了7万官兵，筹集军费100多万两，限洪承畴6个月之内荡平义军。洪承畴再次大举进攻河南。义军主力避其锋芒又回到了陕西，消灭了明军的几支部队，尤其是李自成在真宁消灭了明军精锐曹文诏部，极大鼓舞了义军士气，高迎祥部队则继续在中原活动。为了应付这种局面，崇祯又任用卢象升总督直隶、河南、山东、四川、湖广等处军务，和洪承畴形成西北、东南两个方向的夹击之势。可惜六个月期限过后，东南、西北两路皆无捷报。崇祯一面给洪、卢二人施加压力，然后又继续下达大赦令，表示要赦免起义农民，希望能够分化瓦解农民军。

崇祯九年(1636)五月，明军部队终于又占据了上风，卢象升联合洪承畴在周至地区击败高迎祥部队，生擒了高迎祥。李自成被迫离开陕西进入宁夏、甘肃。短时间内农民起义军的势头被压制，出现了天下将平的征兆。几个月时间之后，李自成又领兵从甘肃反扑四川，烽烟再起，张献忠、罗汝才复又驰骋于中原，天下形势更加混乱。

崇祯十年(1637)三月，崇祯帝起用杨嗣昌为兵部尚书，全权负责内外

军政。对于剿灭农民起义,杨嗣昌有自己的看法,他提出了十面张网的战略,让总督和总理分别统兵,各负其责。总督依旧是指挥平定叛乱多年的洪承畴,总理是杨嗣昌推荐的两广总督熊文灿,杨嗣昌坐镇中央担任总调度,厉兵秣马,扬言三个月内在全国范围内消灭农民起义。杨嗣昌的策略还是有一定效果的,消灭了很多小股义军力量,而起义军主力却越打越强,逐渐形成两支劲旅,一支是张献忠,另一支是李自成。张献忠在湖北、安徽、河南一带活动;李自成则控制了甘肃、宁夏、陕西等地。

崇祯十一年(1638),洪承畴集中了优势兵力,再次让起义军蒙受了很大损失。李自成兵败梓潼,退守岷州(今甘肃岷县)、临洮。后来张献忠败于南阳、麻城,投降了明军,李自成则转移进入河南。但是张献忠并不是真心降明,而是在暗中积蓄兵力,准备东山再起。朝廷也很快发现了张献忠的意图,准备派兵镇压。张献忠先发制人,崇祯十二年(1639)五月,在谷城杀掉明朝县令,焚毁了官衙,重新打起了起义的旗号,和张献忠一起投降的罗汝才也起兵响应。明朝总兵左良玉被张献忠军队打得一败涂地,带着几百残兵败将逃回,崇祯帝一怒之下把主帅熊文灿和总兵左良玉都革职,另命兵部尚书杨嗣昌亲自带兵去湖广围攻张献忠。

杨嗣昌手拿崇祯帝的尚方宝剑,指挥10万人马包围了襄阳。张献忠转移到玛瑙山,但由于队伍里有奸细通风报信,起义军陷入敌人包围圈里,虽然最后突围成功,但是损失了大量金银、战马,张献忠的妻子和儿子也被俘虏。张献忠本人带领一千名骑兵,从湖北转移到四川。杨嗣昌在后紧追不舍,在重庆指挥作战,准备在四川一举消灭起义军。

杨嗣昌在四川到处张榜许诺谁能抓住张献忠,就赏金万两,加官晋爵。但是四川是起义军的势力范围,第二天在杨嗣昌的行辕里,就出现了许多标语,上面写着:"有能斩杨嗣昌头的,赏银三钱。"杨嗣昌大怒,加派大批官军四处追剿起义军。张献忠率起义军却打起了游击战,

3 小时读懂明朝

让官军捉摸不定。

第二年正月,官军才好不容易在开县追上起义军,但是明军长途追击,疲惫不堪,张献忠率部从敌军背后发动攻击,很快就把官军打得全部崩溃,将领刘士杰被杀。后来,张献忠发现杨嗣昌把重兵都已经转移到四川,而襄阳兵力空虚,就摆脱明军的纠缠,突然带兵离开四川,一天一夜急行了几百里,调头进攻襄阳。

杨嗣昌在重庆知道了这个消息,连忙派使者连夜赶到襄阳,命令襄阳明军严密防守。半路上使者却被起义军发现,抓了起来。张献忠把他的义子李定国扮为杨嗣昌使者混进襄阳,由李定国作为内应,混进襄阳的起义军兵在城里四处放火,全城大乱。在混乱中,起义军大队人马赶到,活捉了襄王朱翊铭。张献忠下令把朱翊铭拉下堂去杀了,又把襄王府金库里的十几万两银子分发给当地的饥民。百姓听说罪恶累累的襄王已死,人心大快,全力拥护起义军。张献忠攻破襄阳的消息让杨嗣昌目瞪口呆。他失魂落魄地从四川来到湖北,刚到沙市,就听说李自成率领的起义军离开商洛山区,攻破洛阳,杀死福王朱常洵。这一来,杨嗣昌看到自己一败涂地,只好畏罪自杀。

此后张献忠、李自成两支大军相互应援,分别在川陕和河南战场与明军作战。崇祯十六年(1643)五月,张献忠攻下武昌,把楚王投入江中。张献忠在武昌自立为大西王,初步建立了政权,第二年八月攻陷成都,在成都称帝,改元大顺,建立大西政权。李自成则从洛阳转入湖广一带作战,于崇祯十五年(1642)攻下襄阳,称新顺王。此后他又接连打下了承天府(今湖北钟祥县)、孝感、黄州(今湖北黄冈市)等地,摧毁了明朝大部分主力。据河洛而欲取天下的李自成攻占襄阳后,在政治上提出"均田免粮"的口号,获得了广大农民的支持,而军事上也不再是流动作战的游击战术,派遣将领分守各个城邑,严密军事组织,开始与明朝分庭抗礼。

崇祯十六年(1643)十月,李自成大军攻克潼关,10万大军歼灭了

160

明三边总督孙传庭,群龙无首的明军守将放弃了抵抗,十一月起义军不战而进入西安。崇祯十七年(1644)一月,李自成在西安建立大顺政权,开始准备攻打北京。同年李自成兵分两路,一路由他亲率渡黄河进入山西,攻克太原,沿大同、宣府(今河北宣化县)从北面包围了北京;另一路由手下左营制将军刘芳亮率领,渡黄河攻克山西上党(今山西长治市),分取真定(今河北正定县)、保定,从南面包围北京。

三月十五日,大顺军攻破居庸关,三月十六日攻克昌平,当天先头部队已经到达北京城下。此时的北京城上下乱成一片,城外的京军不断溃败,城上守城的有太监,也有禁军,兵部、五军都督府号令不一,各自为政,谁也管不了谁,根本无法进行有效的防御。城上兵士们的补给也供应不上,全军士气低落。太监们回报崇祯,崇祯也没有办法。

三月十八日,李自成派投降的太监杜勋去传话给崇祯,愿意双方中分天下,只要崇祯再拿出800万两白银犒军,双方罢兵言和。守城太监曹化淳、王德化将李自成的意图转达崇祯帝。当时崇祯帝未表示意见,其实他还是个有雄才大略的人,根本不想投降,希望能利用这个机会拖到各地勤王兵领到来解围。他命令亲信们与杜勋谈判,但李自成很快又不想再等了。三月十八日晚上,大顺军大举攻城,曹化淳打开城门迎降,李自成占领了外城。

崇祯帝听到外城陷落的消息,知道已经无力回天,他长叹一声,

闯王李自成

潸然泪下，回到宫中处理后事，首先让人叫来了自己的三个儿子。当时太子只有16岁，永王11岁，定王9岁，亡国之痛，让崇祯帝几乎说不出话来。他告诉儿子们，北京就要失陷，国破家亡，你们快逃走吧，将来有机会的话重振大明江山。

接着他让太监找来破旧的衣服给三个儿子换上，崇祯又嘱咐道："现在你们还是太子和亲王，到明天你们成为普通百姓，你们要学会保护自己，各自快逃命吧。"崇祯说完，父子四人哭作一团，然后派太监们分头将弟兄三个送到周、田二位皇亲家中，并随手写了一张诏谕，令百官都到东宫来面圣，派人送到内阁，但是内阁已经没有人了，大臣们早已四散了。

送走了三个儿子，崇祯松了一口气，命太监王承恩拿酒过来。他自斟自饮喝着闷酒，不多时就醉倒了，想不到自己一心励精图治，最后还是成了亡国之君。他走出宫门外，看着黑压压的紫禁城，内心百感交集。虽然自己呕心沥血17年，但是惨淡经营的大明帝国终于走到了尽头，即将毁于一旦。他不愿作为亡国之君苟活于世，决心以死向祖宗之灵赎罪，向万民赎罪，要像英雄一样壮烈地死去，不能让自己及家庭受到任何侮辱。于是他命令身边的太监向各宫传旨，皇后嫔妃速速自裁。等他来到坤宁宫时，周皇后哭得泪人一般，二人相望默默无语。崇祯眼睁睁地看着爱妻自缢身亡，之后他的精神陷入了一种疯狂的状态，提剑四处游荡。他挥动宝剑又连砍了几位嫔妃，然后直奔寿宁宫。寿宁宫是长平公主居住的地方，长平公主今年16岁，是大明的长公主，正是如花似玉的年龄，最得崇祯喜爱。如今崇祯宁愿让她去死，也不愿她落入贼手。到达寿宁宫时，长平公主已准备自缢。看到父亲浑身血迹，像疯了一样手提宝剑，四处乱砍，长平公主大叫一声："父皇！"就扑了过来。崇祯心如刀搅，怕爱女扑进怀中后他心软得举不起宝剑，便咬牙大喊一声："你为什么要生在我家！"一剑砍去，长平公主顿时倒在血泊中。杀了长平公主，崇祯又去昭仁殿杀了三女昭仁公主。

3 小时读懂明朝

处理完后宫之事，他让太监王承恩架着出宫，登上煤山。进了寿皇殿，他让王承恩在梁上搭上一根白绫，让王承恩自己逃命去。王承恩倒是忠心耿耿，涕泪交流，表示要随皇上相殉，崇祯心中稍觉宽慰。他最后望了一眼紫禁城，看到远处农民军点起的熊熊战火，心中一片平静，自己慢慢将白绫套上了脖子。王承恩眼看着君主死后，自己也随即吊死在他的对面。这时，1644 年 4 月 25 日的黎明悄然降临，历经 16 帝 276 年的大明王朝终于成了历史。

崇祯自认为不是亡国之君，但最终还是做了亡国之君。他在位期间，的确做到了旰食宵衣，兢兢业业。他本身的才智在明代的帝王中也很突出，单枪匹马清除了魏忠贤这一毒瘤，实在让人钦佩。而这么一位希望能够中兴帝国，并且为之身体力行的青年才俊，他的努力，他的勤勉，最后换来的却是帝国的覆亡。他本人也在一个寒冷的春夜里走投无路，只得杀妻杀子再自杀。他 17 年里励精图治换回这样一个结果，让人不禁感到有几分伤感。他最终还是为万历和天启两代皇帝充当了替罪羊。

庞大的帝国不是仅仅依靠皇帝的勤勉就可以振兴的。崇祯在用人方面过于猜忌，他在位的 17 年里，崇祯一共任用过 50 位内阁大学士，不论是在明代还是历朝历代，都是前无古人后无来者的最高记录，而且处死了抗清疆场上屡建奇功的一代名将袁崇焕，犯下了一生中最大的错误。直到百年之后的乾隆四十七年(1730)，袁崇焕的冤案才得以昭雪。乾隆下诏："谕军机大臣等：昨批阅《明史》，袁崇焕督师蓟、辽，虽与我朝为难，但尚能忠于所事。彼时主暗政昏，不能罄其忱悃，以致身罹重辟，深可悯恻……"后来乾隆还用袁的后人以佐杂等官候补，崇祯若地下有知，不知作何感想。

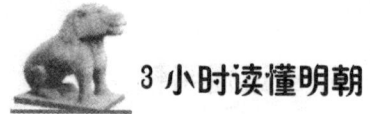 3 小时读懂明朝

相关链接

公元1644年（明崇祯十七年，清顺治元年）3月19日，李自成率大顺军进入北京，明朝崇祯皇帝朱由检在皇宫北门玄武门外的万岁山(今之景山)自缢而死。但是，崇祯皇帝之死并不代表朱明皇朝276年的统治就此彻底覆灭，长江以南的半壁江山仍然在明朝委任的官员统治之下，他们继续奉明为正统。在北京陷落两个月以后，同年5月15日，崇祯皇帝的近支堂兄，福王朱由崧在留都南京即位称皇帝，年号弘光。史学家把弘光朝和以后几个继承明统的朝廷统称为南明。

当时，南明所面对的形势颇为相似于历史上的东晋和南宋，他们凭借长江天险，占据着未经烽烟洗礼的江南，希望能纠集力量挡住北方游牧民族的铁骑（当然南明局势更加糟糕，还要面对农民起义军）。他们养精蓄锐，期待有朝一日能收复中原，而明末时期的江南，已经产生了资本主义萌芽，是全中国经济最发达的地区，而江淮以南各镇的兵力也很充足。只可惜清兵入关后，对南明势力穷追猛打，使惊魂未定的南明弘光朝廷没有得到喘息的机会。而在南明内部，东林党人担心朱由崧登基后对自己不利，因而极力反对拥立福王。由于当时地位举足轻重的南京兵部尚书史可法正是东林党的代表人物，所以福王继位之事一度遭到搁浅。后来朱由崧暗中勾结手握兵权的总兵高杰、黄得功、刘良佐和凤阳总督马士英发动政变，宣布福王登上皇帝宝座，东林党人只得违心同意迎立新君。但经此波

折，反映出当时南明的政治混乱。此后东林党人和有"拥立之功"的武将们争权夺势，从而使弘光朝没能形成团结一致、共赴国难的局面，无法抵御清军，更不要说收复失地了。弘光朝短短一年的时间便土崩瓦解了，而此后相继成立的隆武朝和永历朝更是只能在浙、闽、粤沿海一带和西南边陲苟延残喘。至公元1662年（清康熙元年）4月25日，永历皇帝朱由榔在云南被吴三桂杀害，朱姓皇朝的统治彻底灭亡。南明总共短短地存在了十八年。

附录一
瑰丽夺目的文学成就

3 小时读懂明朝

明代文学,各种文体具备并发展成熟,尤其是通俗文学——小说、戏曲创作勃兴,形成空前繁荣的局面,代表了明代文学的最高成就。特别是明代中后期,人们在思想观念、思维方式上发生了变革,开始用批判的精神去对待传统,复苏人性、张扬个性成为这一时代的主题。这一思潮集中体现在《金瓶梅》、《牡丹亭》等文学作品中,使明代文学呈现出一种新气象。

中国古典四大名著,其中有三部都是在明朝时期完成的,这也充分显示了当时的文学成就。

《水浒传》——英雄传奇小说的代表作

施耐庵的《水浒传》是一部章回体小说,它是在民间的传说和评书、戏曲等基础上创作而成。全书紧紧围绕"官逼民反"这一线索展开,生动描写了不堪暴政、侠肝义胆的108个好汉揭竿而起,梁山聚义,直到受招安,被朝廷用计剿灭的过程。

它并没有站在封建统治者的立场上,把起义农民视为"盗贼草寇",而是着力刻画了他们的英雄主义气概和侠肝义胆。这部小说深刻揭示了封建社会腐朽的社会根源:即上至皇帝、权臣昏庸无能,下至小吏恶霸横行欺压、民不聊生,刻画了当时社会尖锐的阶级矛盾。

在人物塑造上,性格鲜明,栩栩如生。他们在极端不利的环境下,

3 小时读懂明朝

在正与邪、言与行、行与思、悲与喜、真与假等多重矛盾的困扰下，表现出的人性的崇高与困惑，使这部小说具有不朽的艺术生命力。

小说最大的特点是善于通过人物具有个性特征的言行来揭示复杂的内心世界。这一手法本是源于评书、戏曲。由于这些形式都因舞台的局限，不允许对人物的心理活动进行游离情节之外的描写，所以要求通过精练的语言，富有代表性的动作行为来集中体现人物的个性。《水浒传》不仅继承并发扬了这一手法，而且使得作品的民族风格更加鲜明。比如，当描写林冲抓住高衙内欲要打又有所顾忌的瞬间，巧妙地反映出中国封建社会人们在此刻复杂的心理斗争，既想打，但又怕惹来麻烦，前怕有狼，后怕有虎。

小说最大的特点是人物的刻画。作者常用求同存异的手法来表现人物的个性。鲁智深与李逵都是豪爽粗犷的性格，但作者却把他们刻画得不尽相同。李逵有时鲁莽，有时却又天真的可笑；而鲁智深的性格虽然

水浒传——武松打虎

3 小时读懂明朝

粗犷,但却粗中有细,很有江湖经验,比如三拳打死镇关西后说他装死,然后巧妙脱身。

由于来源于评书的特点,小说语言口语化也表现得比较突出,使整个叙事过程明快、生动、准确,富于表现力,也富有个性化,取得了很高的艺术成就。全书没有丝毫的儿女情长,但却依然受到了当时包括现在读者的喜爱。它所表现的是豪放粗犷的阳刚美和崇高美,这种美学风格对后来的英雄传奇小说产生了很大的影响。

水浒传——鲁智深像

3 小时读懂明朝

附录一 瑰丽夺目的文学成就

《三国演义》——历史演义小说的创作先河

《三国演义》是明朝时期创作的又一部著名的小说,也被列为中国古典四大名著之一,它是明初小说家罗贯中结合史实和民间传说创作而成,全称为《三国志通俗演义》,世人喜欢把它简称为《三国演义》。罗贯中(约1330~1400),名本,字贯中,号湖海散人,山西太原人。

《三国演义》创作时间上比《水浒传》略晚,全书共120回,75万字

三顾茅庐

171

3 小时读懂明朝

左右。书中描写了东汉末年群雄争霸，三国鼎立的历史故事。

《三国演义》的独特魅力在于它成功塑造了一批色彩丰富的历史人物群像。虽然可能过分褒奖刘备、贬低曹操，被鲁迅批评说写"刘备之忠厚似伪，诸葛之多智近妖"，但整本书的艺术成就是不容忽视的。其中诸葛亮的形象深入人心，成为人们心目中智慧的象征。关羽、张飞也是家喻户晓的人物，尤其关羽更成为忠义的象征，为世人崇拜。小说着力描写了他们与刘备名为君臣，情同手足的义气，至今很多人依然拜祭关老爷像。此外，对大义凛然、勇猛无敌的赵云，忠于蜀汉集团的庞统、黄忠、姜维等英雄也都不吝笔墨，给予生动的描写。而对曹魏、孙吴集团的文武大臣也予以充分描写和相当程度的肯定。这部小说人物刻画和战争的描写取得了空前的成功。文中涉及的大小战役不计其数，战术变化多端，展现了战争的多样性和复杂性。

今天的军事家都把这本书当做必读之书，很多商人也以此书作为自己的案头书，把小说里的一些军事计谋运用到了商业运作中。

《西游记》——神魔小说的巅峰之作

和《三国演义》、《水浒传》相同,《西游记》也是一部群众创作和文人再创作相结合的杰出作品。唐代玄奘和尚历经艰难前往印度取经,是人类历史上惊天动地的壮举,玄奘也是人类历史上文化传播的一个使者。玄奘回到唐朝后,奉旨口述西行见闻,由门徒辩机辑录成《大唐西域记》,后来其弟子慧立、彦悰又写了《大唐大慈恩寺三藏法师传》,记述他的取经经历。二书主要是纪实,其中部分内容也带有传奇性和神异性。南宋时刊印的讲经话本《大唐三藏取经诗话》,已出现了三藏法师、猴行者、深沙神的形象,为后来《西游记》做了人物上的铺垫。到了元

明·陈奕禧题《西游记》图册

3 小时读懂明朝

代,取经故事已逐渐定型。西游取经的故事在元杂剧中表现得已经十分生动,并进一步神怪化。在元杂剧中第一次出现了猪八戒的形象,猴行者也渐渐演变成了"齐天大圣"孙悟空。至此,西游故事的主要人物和情节结构已大体定型。而《西游记》的作者吴承恩在说书艺人和无名作者创作的基础上,进行了再创作,融入自己对现实生活的感受,撰写了这部伟大的、具有现实意义的长篇小说。

《西游记》这部小说,一改以前重墨刻画人物和反映现实的笔风,采用了诙谐生动的写作手法,可谓嬉笑怒骂,皆成妙文,产生了出人意料的喜剧性效果,对后世神魔小说的创作产生了深远影响。

《金瓶梅》与世情小说

《金瓶梅》是一部以描写家庭生活为题材的现实主义巨作,虽然期间主要描写宋朝旧事,但实际上作者是想展现晚明政治和社会的众生百态,有着深刻的时代内涵。

和以前的长篇小说靠民间传说然后作者整理成书不同,它是我国小说史上第一部由作家独立创作的长篇小说,同时也标志着我国古代小说的发展进入了一个新的阶段。作者署名为"兰陵笑笑生",可以推测,这明显是一个化名,作者的真实姓名至今无法考证。

全书主要描写西门庆的罪恶一生,细致描写了其家庭从发迹到败落的兴衰史。另外还描写了以潘金莲、李瓶儿、庞春梅为代表的诸多女性,她们无视封建社会的夫权,性格扭曲,最后走向堕落的过程。作者从这三个女人名字中各取一字,成为本书的名字——《金瓶梅》。

金瓶梅——漫画

3 小时读懂明朝

《金瓶梅》书影

  作者没有沿袭前面几部小说的取材风格，而是把目光转向家庭生活、平凡人物。它也成为我国第一部以家庭生活和世态人情为题材的现实主义小说。在语言艺术上，这部小说改变了以往半文半白的方式，直接用市井口语来描写，即向口语化、俚俗化的方向发展。它运用鲜活生动的市井语言，文字中洋溢着浓郁的生活气息，特别是用个性化的语言来刻画人物，神情口吻无不惟妙惟肖。

附录二
领先世界的科技学术成就

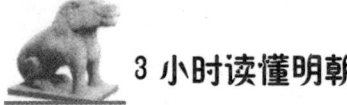

李时珍与《本草纲目》

明朝中后期,手工业、制造业发展迅速,又有很多知识分子善于总结劳动人民生产、生活的宝贵经验,到了晚明时期,中国科技已然是繁花似锦,加上西学的引入,更是锦上添花。当时中国科技的特点是"重实践,重考察,重验证,重实测",相当注重数字化或定量化的描写,是近代实验科学的标志,是中国传统科技走向近代的希望。

尤其是自 16 世纪至 17 世纪这 100 年,是中国科学技术史上群星灿烂的时期,各项科学成果交相辉映,总结了中国古代所有的科学技术并达到了前所未有的高峰。有邢云路关于天文历算的《古今律历考》,茅元仪汇集武备和火器制作的《武备志》,赵士祯的《神器谱》,

莆田广化寺——天工开物

计成的关于园林栽培的《园治》，方以智涵盖天文地理和医学的《物理小识》。

当时最具代表性的应属李时珍的集中医草药学大成的《本草纲目》，徐光启的汇总农业科学成就的《农政全书》，徐霞客的地理学著作《徐霞客游记》，宋应星反映中国生产技术全貌的《天工开物》，及朱载堉关于声学研究的《乐律全书》。五位科学家分别从医学、农学、地理学、工艺学和物理学这五个领域，见证了这一时期的辉煌成就。

李时珍，字东璧，号濒湖，湖北蕲春县人，生于明武宗正德十三年（1518），卒于神宗万历二十一年（1593）。他的父亲李言闻是当时的名医。李时珍家学深厚，特别重视对药物的研究，并注重亲身实践，肯于向普通平民学习。

李时珍雕像

虽然家里世代从医，但当时民间医生地位很低，李家常受权贵的欺侮。最初父亲决定让二儿子李时珍读书应考，希望能考取功名，出人头地。李时珍虽然自小体弱多病，但性格却刚直纯真，他的志趣并不在空洞乏味的八股文上。自14岁中了秀才后的9年时间，他三次到武昌考举人均名落孙山。于是，他放弃了科举做官的打算，专心钻研医术。他曾向父亲这样表明自己的心意："身如逆流船，心比铁石坚。望父全儿志，

3 小时读懂明朝

至死不怕难。"父亲被他执着的精神所感动,同意了儿子的要求,并精心地教他。很快,李时珍成了一名很有名望的医生。

有一年,家乡遭遇洪灾,大水退了以后爆发了疫病,生病的都是没钱医治的百姓。李家父子俩十分同情穷人,虽然自己家中也不富裕,但穷人找他们看病,他们都悉心医治,不计报酬。老百姓认为他们医术高明,品格高尚,十分感激他们。李时珍刻苦研究医术,博览群书。我国中医博大精深,自汉朝有人写过一本《神农本草经》以后1000多年,不断出了许多新的医书。李时珍利用为王公贵族看病的机会,阅读了不少王公贵族家的藏书,因此,他的知识越来越丰富,医术也越来越高明了。

李时珍的声名远播,使四处百姓都慕名前来求医。一次楚王的儿子得了抽风病,楚王府的医官都束手无策。听说李时珍是当时名医,楚王马上派人把李时珍请到王府。李时珍一看病人的脸色,再按了按脉,认为孩子的病是肠胃引起的。他开个调理肠胃的药方,楚王的儿子一吃药,很快病就痊愈了。

楚王大喜,再三挽留李时珍在楚王府。不久之后,正碰上朝廷征揽人才,楚王为了讨好明世宗,就把李时珍推荐到北京太医院去。明朝太医院是专为宫廷服务的医疗机构,可惜当时的官场腐败,被一些庸医弄得乌烟瘴气,而明世宗对真正的医学并不重视,却迷信一批骗人的方士,在宫里做道场、炼金丹,想凭这些办法使自己长生不老。李时珍在太医院呆了一年,就辞职回家了。

辞去了太医职位的李时珍一身轻松,游历了许多名山胜地,四处采摘草药。他阅读了大量古代医书,但是经过临床实践发现,古代的本草书籍"品数既烦,名称多杂。或一物析为二三,或二物混为一品",特别是其中的许多毒性药品,竟被认为可以"久服延年"而遗祸无穷。于是,他自己开始进行实践研究,决心重新编纂一部本草书籍,纠正前人的谬误。他的足迹遍布祖国大江南北,除家乡湖北外,他还到过江西、江苏、安徽等很多省份。后人以"远穷僻壤之乡,险探岳麓之华"的诗句,形容他远途跋涉、四方采药的生活。

李时珍每到一地，就虚心地向各式各样的人物请教，不仅仅是医生或采药者，还有种田的、捕鱼的、砍柴的、打猎的，大家热情地帮他了解各种各样的药物。比如芸苔，本是常用的药材，但它的属性和特点，始终存在疑惑，《神农本草经》说得含糊，各家注释也搞不清楚。李时珍询问了一位种菜老人，在他指点下，又察看了实物，才知道芸苔实际上就是油菜。这种植物，头一年下种，第二年开花，种子可以榨油，于是在他的《本草纲目》中就一清二楚地注解出来了。

李时珍非常注意观察药物的形态和生长情况。为了能仔细观察到毒蛇的原生态，李时珍置危险于度外，到处寻找。在捕蛇人的帮助下，他近距离观察了毒蛇，并看到了捕蛇、制蛇的全过程。由于这样深入实际调查过，后来他在写《本草纲目》的时候就得心应手，说得简明准确。同时，李时珍了解药物，并不满足于走马观花式的调查，而是一一采视，对着实物进行比较核对，这样弄清了不少似是而非、含混不清的药物。武当山五龙宫产的"榔梅"，被道士们说成是吃了可以长生不老，人们把它称作"仙果"，宫廷的贵族都把它当作宝贝一样，要地方官吏年年进

《本草纲目》

贡，并且禁止百姓采摘。李时珍不信道士们的鬼话，要亲自采来试试，看看它究竟有什么功效。为了弄清真相，他冒着危险，攀登悬崖峭壁，采到了一颗榔梅，带回家乡。经过他详细研究，才知道那种果子只不过像一般梅子一样，有生津止渴的作用，是一种变了形的榆树的果实，并没有什么特殊功效。

本着严谨的治学态度，李时珍脚穿草鞋，身背药篓，带着学生和儿子翻山越岭，访医采药，足迹遍及牛首山、摄山、茅山、武当山等大山名川，走了上万里路，倾听了千万人的意见，参阅各种书籍800多种，前后历经27年，终于在他61岁那年（1578）写成了《本草纲目》一书。

《本草纲目》共16部，52卷，约190万字。全书在前人基础上增加药物374种，共计1892种，其中植物1195种；收录古代药学家和民间药方11096则；书中附药物形态图1160幅。这部伟大的著作，对历代本草著作去粗取精，去伪存真，纠正了以前的许多错误，补充了不足，并有很多新发现和突破，是到16世纪为止我国最系统、最完整、最科学的一部医药学著作。

全书如此浩瀚广博，如何分类检索便成为关键的问题。而李时珍最大的贡献之一，就是他不仅成功解决了药物的检索问题，而且还提出了他对植物分类学方面的新见解，以及具有启蒙意义的生物进化发展思想。李时珍打破了自《神农本草经》以来，传统的上、中、下三品分类法，把药物分为水、火、土、金石、草、谷、菜、果、木、器服、虫、鳞、介、禽、兽、人共16部，包括60类。每药标正名为纲，纲之下列目，纲目清晰。书中还系统地记述了各种药物的知识，包括校正、释名、集解、正误、修治、气味、主治、发明、附录、附方等项，从药物的历史、形态到功能、方剂等，叙述甚详。尤其是"发明"这项，主要是李时珍对药物观察、研究以及实际应用的新发现、新经验，这就更加丰富了本草学的内容。

李时珍于1593年逝世，享年75岁。李时珍逝世后遗体被安葬在故

乡蕲州城东。时至今日，蕲州一带的中医每年清明都要到墓地拜祭李时珍，当地许多人认为，把他坟头的青草采回家中可以消灾灭病。李时珍一生著述颇丰，除代表作《本草纲目》外，还著有《奇经八脉考》、《濒湖脉学》、《五脏图论》等 10 种著作。李时珍是我国古代具有代表性的杰出科学家，时至今日，人们对李时珍的研究仍在不断地深入。

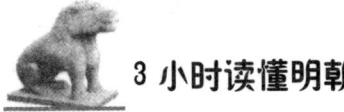

伟大的旅行家徐霞客

晚明王朝乌烟瘴气的时候，许多青年都不满朝政腐败，不愿应科举考试、谋求做官。他们把自己人生的激情和追求转移到其他事业当中，不少人取得了辉煌的成就，而徐霞客正是其中的佼佼者。他的一生以双脚丈量人生，同时也书写了一个千古传奇。

徐霞客本名徐弘祖，霞客是他的别号。他自幼酷爱历史、地理方面的书籍，小时在私塾读书的时候，就对老师督促研读的儒家经书不感兴

徐霞客故居

趣，往往背着老师，把地理书放在经书下面偷看，常常看得出神，禁不住眉飞色舞。少年时的他就下决心，要亲自到名山大川去游历考察一番，只是父亲去世很早，想到母亲年纪老了，家里没人照顾，没敢提这件事。

母亲知道儿子的心事，鼓励他外出闯荡，还给他缝制了一顶远游冠。有了母亲的热情支持，徐霞客坚定了决心。万历三十五年（1607）的初春，22岁的徐霞客衣冠整齐，身背行装，踏上了外出旅游的征程。被誉为"江南明珠"的太湖成了他一生漫长路途的第一站，那湖光潋滟、一碧万顷的景色让初出茅庐的徐霞客大饱眼福。他游览了斜插在太湖中的西山和东山，满怀内心的喜悦回到了自己的家乡，随后又游览了洞庭山、天台山、雁荡山、泰山、武夷山和北方的五台山、恒山等名山。每次游历回家，他跟亲友谈起各地的奇风异俗和游历中的惊险情景，别人都吓得说不出话来，他母亲却听得津津有味。

徐霞客基本上每年都出游考察，前后历时30余年。他北至燕冀，南涉闽粤，西北直攀太华之巅，西南远达云贵边陲，足迹遍及中国17个省份，即现在的江苏、浙江、山东、山西、陕西、河南、河北、内蒙古、安徽、江西、福建、广东、广西、湖南、湖北、贵州、云南等地。徐霞客能够

徐霞客塑像

3 小时读懂明朝

多年在外旅游考察，这和他母亲的大力支持是分不开的。他母亲曾多次激励他说："志在四方，男子事也。"她甚至在自己 70 岁高龄之时，还满怀豪情伴同徐霞客游览了荆溪、勾曲（今江苏宜兴一带）。自己志存高远，家庭鼎力相助，徐霞客不畏寒暑，克服艰难险阻，终于把中华大地名山大川尽收眼底，真可谓"饱尝河山美，收尽天下奇"。徐霞客在那个应举成风的时代，不入世俗，以考察大自然为己任，确实是亘古第一人。

崇祯九年（1636），徐母病逝，当时徐霞客也已 51 岁。在此之前，他虽然多次外出旅游考察，但大多短期而归，因为他时刻眷恋着自己的母亲。而这时，徐霞客则把他全部精力放在游历考察的事业上。于是，他开始了一生中最后一次也是为期最长的一次远游。他从家乡出发，途经江苏、浙江、江西、湖南、广西、贵州，到了此次旅游和考察最远的地方——云南腾冲，历时 5 个春秋。他不分寒暑，攀山越岭，长期奔波在荒山野岭之中。有一次，他在腾冲越经一座高耸的山峰时，发现悬崖上有一个岩洞，他想进去但根本没路可通。于是，他冒着生命危险，像猿猴一样爬上了悬崖，终于到达了岩洞。

在接受着大自然严酷考验的同时，经常有种种人为因素的挑战。徐霞客漫游西南的时候，除了随行仆人外，还有一个名叫静闻的和尚和他们做伴。有一次，他们在湘江乘船的时候，遇到了强盗，他们的行李财物被抢劫一空，静闻和尚因为受伤，在半路上死去，到最后，连他的仆人也离开他逃走了。书中记载，在这次考察旅行途中，徐霞客曾经三次遇盗，四次绝粮，到了身无寸丝、饥肠辘辘的境地，但是这些挫折都没有动摇他探索自然的决心。

他以坚忍不拔的精神完成了考察祖国的宿愿。在极度艰难困苦的情况下，也有很多好心人善意地规劝他不要再冒着风险考察了，如果他回故乡的话，他们可以资助返乡的路费。徐霞客为了心爱的事业，坚定地说："我如果遇到困难就结束考察，返回故乡，那么以后就再也没有机会了，妻子和儿女肯定不会同意我重新外出考察。我继续考察的意志不

能改变。"

　　为了表明自己的决心,他还豪迈地说:"我已背着挖土的工具,什么地方不能埋我的骨头?"为了克服物质困难,他不得不向乡人借贷,还经常用别人惠赠给他的物品向村妇换粮食,或变卖衣物作为自己继续考察的经费。为探寻大自然真正的奥秘,徐霞客见奇而从,见险而行,登山必登最高之巅,下洞必到最深之地。他不信邪,不信鬼,坚信造化神奇,一心想要探个究竟。

　　一次他在湖南茶陵,听说当地有个麻叶洞,洞里有神龙作怪,不是有法术的人,进去就无法生还。徐霞客不信神怪之说,他出了高价雇个当地人当向导,进洞考察。正要进洞的时候,向导得知徐霞客是个普通读书人的时候,吓得扭头就跑,还说:"我以为您是个有本事的法师,才敢跟您一起进洞,原来您是个读书人,那我去了还不被怪物吃掉。"

　　徐霞客并不在乎,带着向导留下的火把进洞。村里的百姓听到有人进洞,都拥到洞口来看热闹。徐霞客在洞里考察了很久,一直到火把快

徐霞客二游黄山

烧完才出来。围在洞口的人们看他居然能安全出洞,都十分惊奇地说:"我们等了好久,以为你一定给妖精吃了呢。"其实徐霞客在洞中,不仅没有遇到人们传说的各种神龙精怪,反而亲身感受了"石幻异形,肤理顿换,片窍俱灵"的另一番大千世界,明白人们是误见形状怪异的钟乳石,而误传神龙之说。徐霞客让他们的疑惑和担心烟消云散,他们无不对徐霞客敬佩万分。

宋代文学家王安石曾感叹道:"世之奇伟瑰怪、非常之观,常在于险远,而人之所罕至焉,故非有志者不能至也。"而徐霞客恰恰具备"途穷不忧,行误不悔,瞑则寝树石之间,饥则啖草木之实,不避风雨,不惮虎狼"的大无畏精神,所以能够观察到常人看不到的奇异景观,在科学上能够有所成就。

为让自己的见闻能够流传后世,徐霞客在旅途中把当天见到的、听到的都详细记录,即使露宿荒山,身在旷野也始终坚持不懈。经过他的实地考察,纠正了很多地理书上的错误记载,发现了古人没记载过的地理现象。像古书上说,岷江是长江的上游,徐霞客经过考察,才确定长江上游是金沙江而不是岷江。他死后,他的

江阴徐霞客墓

好友季梦良把他的日记编成一本《徐霞客游记》。此书作为徐霞客一生的主要成就，以日记体详细地记录了徐霞客旅行生涯的所见所闻，包括山川、河流、气候、植被、风俗、人情等，不但文笔优美，更具有重要的科学价值。书中对我国石灰岩地区岩溶地貌的记述，详尽系统，是世界上较早的一本关于岩溶地貌的论著。

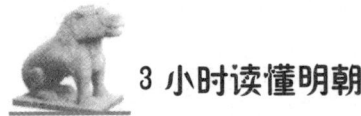

宋应星编《天工开物》

宋应星（1587~1661），字长庚，江西奉新人。他在明末中举，曾担任过朝廷的小官吏，著有《天工开物》、《画音归正》、《杂色文原耗》、《卮言》等书。《天工开物》是宋应星50岁时候的作品，当时是

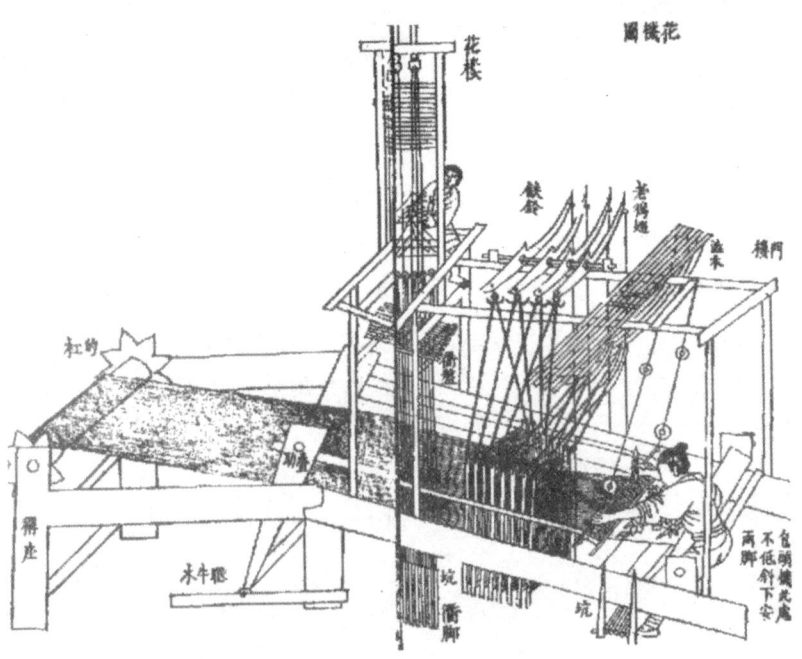

《天工开物》中的明代提花机

1637年（明思宗崇祯十年），距离明朝灭亡，只有6年。宋应星身在乱世里，不肯怀忧丧志，沉潜实学，努力不懈，他的精神令人钦佩。

《天工开物》全书分上、中、下三册，又细分为十八卷，全面系统地记述和总结了我国古代农业和手工业的

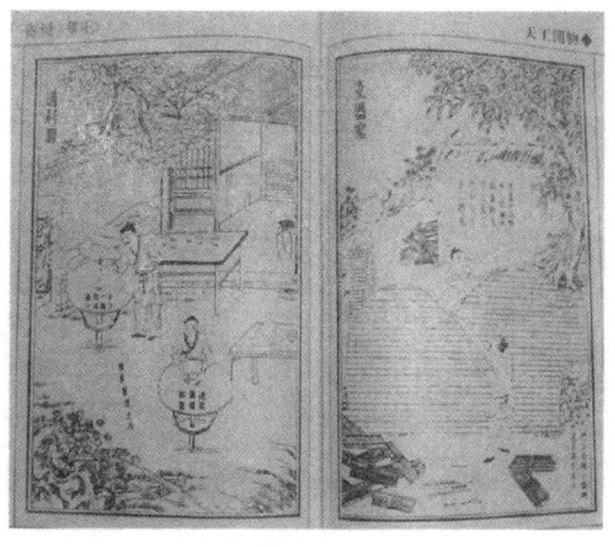

《天工开物》中描述的陶瓷制造工艺

生产技术和经验，并附有123幅详尽生动的插图帮助读者加深认识和理解。其中，上册主要记载了谷物豆麻等农作物的栽培和加工方法，蚕丝棉苎的纺织和染色技术，以及食盐的晒制、蔗糖的榨取工艺等。中册包括砖瓦、陶瓷的烧制，车船的建造，金属的冶炼及铸锻，石灰、煤炭、硫磺、白矾的开采和加工，还有榨油、制烛、造纸等多方面的内容。下册记述了五金开采及冶炼，兵器、火药的制造，朱墨、颜料、酒曲的生产，以及珠玉的采琢等。对各种原材料的品种、产地、用量，以及工具构造和生产加工的操作过程等，记载都很详细。

《天工开物》堪称一部关于我国古代农业和手工业生产技术的百科全书，其中记录的许多工艺技术和科学创见都在当时居于世界领先水平，在我国乃至世界科学技术史上都占有重要地位。

附录三
光耀千古的思想艺术成就

书之中兴

明代中期，江苏地区工商业、经济、文化比较发达，书画艺术也得到了长足发展。祝允明、文徵明、王宠等人代表了明朝书法最高水平。他们三人被世人称为"吴中三家"，都生长在苏州地区。他们书法成就突出，作品具有代表性，在中国书法史上书写了崭新的一页。明代初期以来，书坛一直盛行"馆阁体"，这种字体缺乏创造性，没有活力，严重制约了书法艺术的发展。"吴中三家"在继承魏晋、唐、宋、元历代书法传统的基础上，大胆创新，融入了自己的风格，突破了传统的束缚，一扫"靡靡之格"，开辟了书法艺术的崭新天地，被誉为明代"书之中兴"。在"吴中三家"中，以祝允明的书法艺术成就最为突出。明王世贞曾在《艺苑卮言》中为"吴中三家"排定座次："天下书法归吾吴，祝京兆允明为最，文待诏徵明、王贡士宠次之。"《明山藏》一书也称祝允明的书法"为国朝第一"。

祝允明，字希哲，号枝山，因右手多生一指，又自号枝指生。江苏长洲（苏州）人，家中是七代为官的书香门第。他还与唐伯虎、文徵明、徐祯卿并称"江南四大才子"（也称吴门四才子）。他天资聪颖，幼年就以"神童"之名闻名乡里，10岁已经博览群书，才华横溢，文采飞扬，17岁中秀才，32岁中举人，担任过兴宁知县、应天府通判等官职。但因为生性清高正直，对当时官场的腐败之风感到深深失望，很快辞官回到

了苏州，广交朋友，召客豪饮，全身心投入到书法艺术创作之中。

他的书法集百家之长，领一代风骚，吸取唐虞世南、元赵孟頫书法之神髓，扬晋王羲之、王献之行意，含唐张旭、怀素草书之气势，融会贯通，自成一体，发展成为有自己风格的独特狂草。民间素有"唐伯虎的画，祝枝山的字"之说。祝允明作品传世极多，如"六体书诗赋卷"、"草书杜甫诗卷"、"古诗十九首"、"草书唐人诗卷"及"草书诗翰卷"等都是此中的精品。相传祝允明也很擅长丹青，但很少动笔，传世之作不多。

祝允明为人幽默洒脱，好游山玩水而不拘小节，很像是东方朔一类的滑稽人物。民间关于他有许多的趣事轶闻，不少被文学家当成素材用于戏曲、小说的创作之中。在这些作品中，他常以足智多谋、能言善辩、乐于助人的形象出现，如《三笑》、《王老虎抢亲》等戏曲作品。

文徵明初名璧，一字徵仲，号衡山，江苏长洲（苏州）人。文徵明是书画双绝。绘画方面他与沈周、唐寅、仇英并列，合称"吴门四杰"。在当时书法界名气更大，号称"文笔遍天下"。

他的书法最初师从李应祯，后来又广泛学习前代名家真迹，在篆、隶、楷、行、草各方面都有非凡造诣，特别擅长行书和小楷，字体温润秀劲，结构严谨而意态生动。虽然不像祝允明书法那样雄浑有力，却有晋唐书法的风致，别具一格。尤其是他的小楷笔划流畅，节奏缓和，宛如绘画风格。而且文徵明善于培养扶植后辈，家中后代和弟子也有很多人在书画方面取得了很高成就。

王宠，字履吉，号雅宜山人，江苏吴县人。他擅长楷、行、草书。他的书法着重于运笔的变化，返笔、复笔、圆折笔、方折笔等手法交替加以灵活运用，别有一番妙趣。他的小楷书布局萧散，乍看之下好像拙于布局安排，仔细品味之下，却又感觉和谐巧妙，别具一格。他的字华美而圆浑，深得晋唐书法的闲雅韵趣。

3 小时读懂明朝

唐寅和徐渭

中国绘画的写实性在 12 世纪宋朝时发展到了巅峰，后来逐渐转为笔墨游戏般的形式主义。明初崇尚宋代画风的画家遍于宫廷、民间，但是，明初的画作局限于对宋元两代的摹仿，成就并不突出。明代中期，文人画重新复兴于苏州，后期文人士大夫的画作开始向独抒性灵的方向发展，

唐寅祠檐下的雕像

3 小时读懂明朝

他们以画为乐、以画寄情,在他们的作品中展现出很强的自我风格,而不再计较再现自然的真实性,其中的代表人物要数唐寅和徐渭。

唐寅,字伯虎,是姑苏趋里人。生于明成化六年庚寅年(1470),故名唐寅,因排行老大,又称唐伯虎。他出身于商人家庭,父亲唐广德虽然也曾饱读诗书,但终因家道中落,在姑苏吴趋坊皋桥开起了小酒店。当时文徵明的父亲文林恰好到他家酒店喝酒,见唐寅聪明过人,就让唐寅与文徵明一起拜吴门画派创始人沈周为师。后来唐寅成为"吴门画派"中的杰出代表,绘画与沈周、文徵明、仇英齐名,合称"明四家",又与祝允明、文徵明、徐祯卿切磋诗文,蜚声吴中,被后世称"吴中四才子"。

唐寅——漫兴墨迹

由于唐寅家住苏州城北桃花坞,所以自称桃花坞主,曾作《桃花庵歌》,自比采花

唐寅——书札

仙人。他张扬自己，性格不羁，自称"江南第一风流才子"，29岁时中乡试第一，所以世人也称他为唐解元，但会试时因牵涉科场舞弊案而没能取得功名，从此唐寅感觉仕途无望，索性游历名山大川，决定在书画曲艺中终老一生。正德九年（1514），他被明宗室宁王以重金征聘到南昌，但很快宁王谋反失败，唐寅也被牵连其中，只好假装疯癫，才脱身回归故里，直到嘉靖三年（1524）去世，死后葬在桃花坞北。

唐寅是我国历史上杰出的画家、文学家。在中国历代画家中，唯独唐寅可以说是妇孺皆知，"唐伯虎点秋香"、"三笑"等传说在民间广为流传。他的诗、书、画并称为三绝。在绘画上，唐寅既擅长山水，又工于人物，特别精于仕女，画风工整秀丽，既富有个性而又不失雍容大方，被后人称为"唐画"。他的书法学赵孟頫，字体俊逸秀挺，也很有功夫。他还精通音律，擅长诗文。如此全才，在中国古代文人中并不多见。

徐渭像

唐寅早年拜在吴门画派创始人沈周门下，而后又跟随周臣学习。沈周和周臣都是当时苏州的名画家，沈以元人画为宗，周则以南宋院画为师，这是明代两大画派不同的艺术追求。唐寅虽然从师二人，却青出于蓝，兼其所长，在南宋风格中融元人笔法，一时突飞猛进，超越了自己的老师。

徐渭，字文清，山阴（今浙江绍兴）人，号天池山人，又有很多别号，如田丹水、天池生、天池渔隐、青藤老人、金垒金回山人、山阴布衣、白鹇山人、鹅鼻山侬等，晚年号青藤道士。其居所的雅号有"一枝堂"、"柿叶堂"、"青藤书屋"等。生于明武宗正德十六年（1521），卒于明神宗万历二十一年（1593）。

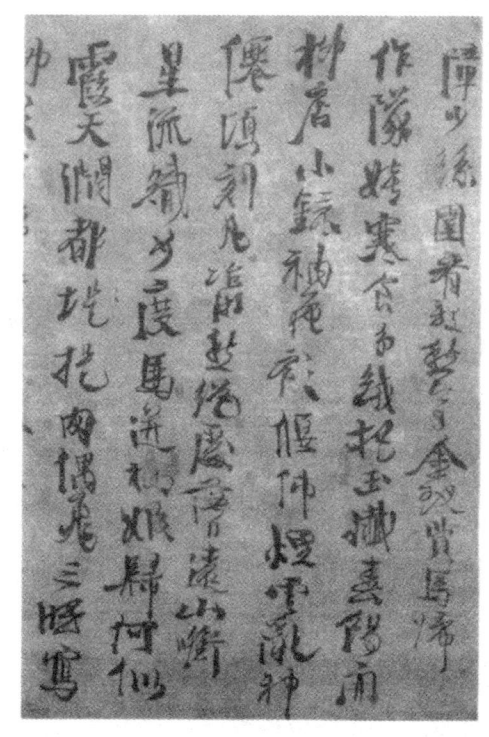

徐渭书法

徐渭性情放纵，一生坎坷，少年时八次参加乡试都没有考中，于是不再考虑仕途。中年时被兵部右侍郎胡宗宪看中，于嘉靖三十年（1558）担任浙闽总督幕僚军师，徐渭对当时军事、政治和经济事务也做出了很大贡献，并积极参与到东南沿海的抗倭斗争中。他用诗文热情地赞美了抗倭爱国的英雄，曾为胡宗宪起草《献白鹿表》，深得明世宗的赏识。可惜后来胡宗宪因弹劾严嵩同党，被逮自杀。徐渭深受打击，一度精神失常，几度自杀未遂，又误杀自己的后妻，被捕入狱，后来被明翰林修撰张元忭营救出狱。这时他已经53岁了，经历了太多是非之后，开始领悟人生，专心于艺术创作活动。他的许多重要画作，都是在这个时期诞生的。同时，他也是位伟大的文学家，其诗文清奇，不落窠臼，写有《诗

3 小时读懂明朝

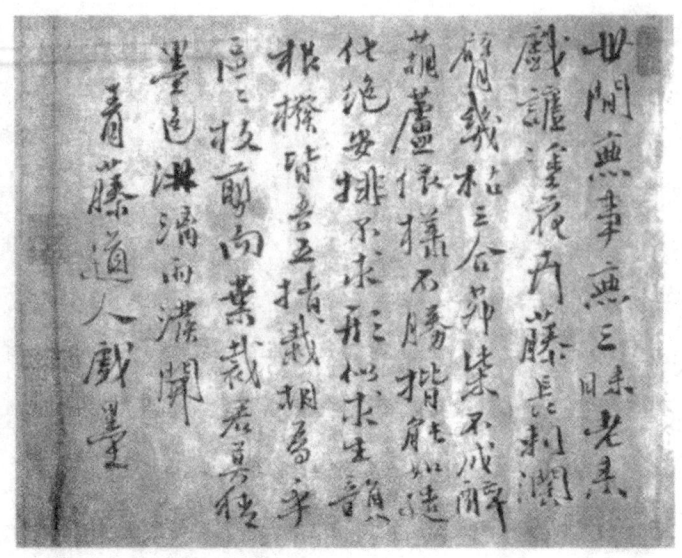

徐渭——花卉图卷题诗

文全集》。他创作的杂剧《四声猿》曾得到汤显祖、马骥德等曲学家们的好评，并有戏剧论著《南词叙录》，颇具超越前人之见解和打破陈规之处，又著有《会稽县志》，对明朝当时地方政治经济提出不少改革主张。徐渭亦工于书法，行书效仿米芾。他一生坎坷，常"忍饥月下独徘徊"。这位杰出的艺术家，最终在"几间东倒西歪屋，一个南腔北调人"的境遇中结束了一生。

徐渭自认为自己书法第一，诗歌第二，文章第三，而绘画只是末节，但他的绘画还是最为后人所称道。徐渭中年才开始学画，擅长画花鸟，而在山水、人物、水墨等方面也有很高造诣。画风气势纵横奔放，特别擅长水墨大写意花卉，笔下的残菊败荷，炉瓶彝鼎，皆古朴淡雅，别有风致。现藏南京博物院作品《杂花院》，全画有牡丹、紫薇、葡萄、芭蕉、梅花、水仙和竹等13种，情意所至，随心所欲，把自己的艺术技巧发挥到极致，达到了"以无法中有法"、"乱而不乱"的艺术境界，表现出画家深厚的功力。在四百年后的今天，仍给人以笔墨淋漓，赏心悦目之感。他所画山水，纵横不拒绳墨，所绘人物尤其生动，对清代朱耷、原济、扬州八怪的画风都产生了巨大影响，数百年来势头未衰。而且徐渭经常在画中题诗题句，借题发挥，表达自己对世事的愤慨，如他题《螃蟹图》云："稻熟江村蟹正肥，双螯如戟挺青泥，若教纸上翻身看，应见团团董卓脐。"这正是对以严嵩一干权贵的憎恨与轻蔑。徐渭的画风和人生态度对后世影响深远，近代艺术大师齐白石曾感叹道："恨不生三百年前，为青藤磨墨理纸。"这足以说明徐渭绘画对后人影响之深。

思想家王阳明

王守仁是浙江余姚人,因他曾独居在绍兴阳明洞中,后又创办阳明书院,所以世人将他称为阳明先生。在我国古代诸多思想家中,王阳明是其中很特殊的一位。他是著名的哲学家、教育家,而且又是中国古代不可多得的名将。中国历代儒家学者都是满口子曰诗云,摇头晃脑的老学究形象,与战场上壮怀激烈、身先士卒的名将形象实在相去甚远。纵然中国历史上有周瑜那样,羽扇纶巾、挥斥方遒的儒将,也绝不会成为王守仁这样的学者、思想家。

王守仁幼年顽皮,喜好习武,并没让人看到他身上有丝

王守仁像

毫哲学家的影子。成年以后，王守仁一面热衷于弓马及兵法，一面开始转向文学，后来科举中第而出仕，很快就因为得罪了权倾一时的宦官刘瑾，被流放到了贵阳。在这里发生了哲学史上有名的"龙场顿悟"事件，从此以后他建立了自己的哲学体系，反对僵化的程朱理学，将陆九渊为首的心学一派发扬光大，集前代大成，对后世产生了深远影响。

在中国封建社会后期，程朱理学一直居于思想界的统治地位。明中期以后，由于阶级矛盾日益尖锐，封建危机加深，地主阶级思想家感到有必要将哲学思想改变形式，以维护封建王朝的统治，这就是王守仁心学产生的社会背景。王守仁提出一个著名的哲学命题：心外无物。认为人心是一切事物的本源，没有人的意念活动，就没有客观事物。同时还提出了"心外无理"的命题，认为事物的"理"，不存在于客观事物之中，而存在于人们的心中，所以说"心即理"。而封建的伦理道德观念，原是阶级社会的产物，而王守仁却认为是人们心中所固有的，这就是他所谓的"良知"。王守仁主张，要认识"理"，认识"良知"，其途径不是通过实践，而是到心中去体验伦理道德观念，从而可以主动自觉地为善去恶，用封建伦理道德去规范自己的行动。换而言之就是，要求人们自觉地消除一切反抗的念头，从心底深处服从封建统治。虽然王守仁的哲学本质是维护封建统治，但在其理论中出现了启蒙主义的萌芽，主张知行合一，具有一定的人文精神。

王守仁的观念开始是以"反传统"的姿态出现，在明代中期以后，形成了阳明学派，开始与程朱学派分庭抗礼，影响很大。他最主要的哲学著作《传习录》和《大学问》，在当时都很受欢迎。他广收门徒，思想遍及全国。死后，"王学"虽分成几个流派，但同出一宗，各见其长。经过其弟子的努力，他的学说远播海外，特别对日本学术界产生了重大影响。

王守仁一生还立下了赫赫军功，曾经平定了"宸濠之乱"。刘瑾倒台之后，王守仁被重新起用。此时南京的宁王起兵造反，宁王乃是明朝最

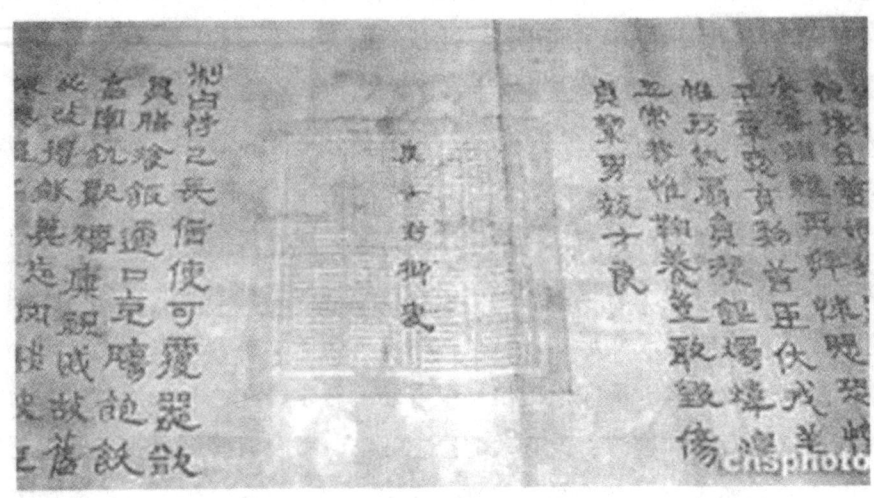

明朝正德皇帝圣旨在美国被发现

有势力的藩王,拥有以南昌为中心的长江中游的广大领地,据称拥有七万军队。当时正是武宗正德皇帝沉溺于淫乐、荒废国政之际,宁王暗中与朝中奸臣串通一气,决心取而代之,准备以武力夺取天下。

此时担任金都御吏的王守仁,在福建镇压了民众反叛,返回南京,察知了宁王的叛乱计划,于是召集了附近的军队,直指南昌城。宁王害怕根据地被夺,慌忙率军返回,结果被王守仁伏击。双方共十四万大军在鄱阳湖畔展开大战,王守仁三日之内就将宁王完全逼至绝境,平叛前后总共不过花了三十五天。

而此时昏庸的正德皇帝却自封为"威武大将军",正要领军南下,走到半路,却听说叛乱已经被王守仁平定了,觉得很扫兴,于是在一帮小人的策划下,将宁王释放了,上演了一出天子重捉叛贼的闹剧。虽然王阳明的思想和行为为维护明王朝的统治起了积极作用,但他在那以后也没得到朝廷重用。

附录四：明朝历代皇帝年表

明 (1368~1644)

帝位(姓名)	年号(在位时间)	即位时间
太祖(朱元璋)	洪武(31)	1368
惠帝(朱允炆)	建文(4)	1399
成祖(朱 棣)	永乐(22)	1403
仁宗(朱高炽)	洪熙(1)	1425
宣宗(朱瞻基)	宣德(10)	1426
英宗(朱祁镇)	正统(14)	1436
代宗(朱祁钰)	景泰(8)	1450
英宗(朱祁镇)	天顺(8)	1457
宪宗(朱见深)	成化(23)	1465
孝宗(朱祐樘)	弘治(18)	1488
武宗(朱厚照)	正德(16)	1506
世宗(朱厚熜)	嘉靖(45)	1522

3 小时读懂明朝

穆宗(朱载垕)	隆庆(6)	1567
神宗(朱翊钧)	万历(48)	1573
光宗(朱常洛)	泰昌(1)	1620
熹宗(朱由校)	天启(7)	1621
思宗(朱由检)	崇祯(17)	1628